Como Eu Ensino

Pensamento científico

A natureza da ciência no ensino fundamental

Como Eu Ensino

Pensamento científico
A natureza da ciência no ensino fundamental

Nélio Bizzo

Editora Melhoramentos

Bizzo, Nélio
  Pensamento científico: a natureza da ciência no ensino fundamental / Nélio Bizzo. São Paulo: Editora Melhoramentos, 2012. (Como eu ensino)

  ISBN 978-85-06-00450-0

  1. Educação e ensino. 2. Técnicas de ensino – Formação de professores. 3. Ciência e Filosofia – Técnicas de ensino. I. Título. II. Série.

CDD 370

Índices para catálogo sistemático:
1. Educação e ensino 370
2. Formação de professores – Ensino da Educação 370.7
3. Psicologia da educação – Processos de aprendizagem - Professores 370.15
4. Ciência e Filosofia – Técnicas de ensino 371.33

Obra conforme o Acordo Ortográfico da Língua Portuguesa

Organizadores Maria José Nóbrega e Ricardo Prado

Coordenação editorial Estúdio Sabiá
Edição Bruno Salerno Rodrigues
Preparação de texto Olga Sérvulo
Revisão Hebe Lucas e Leandro Morita
Pesquisa iconográfica Monica de Souza
Ilustrações especiais Paulo Cesar Pereira
Capa, projeto gráfico e diagramação Nobreart Comunicação

© 2012 Nélio Bizzo
Direitos de publicação
© 2012 Editora Melhoramentos Ltda.

1.ª edição, 2.ª impressão, outubro de 2012
ISBN: 978-85-06-00450-0

Todos os esforços foram envidados para localizar todos os detentores de direitos sobre as imagens deste livro. Se porventura for encontrada alguma omissão, solicitamos aos eventuais detentores que entrem em contato com a editora, que terá a maior satisfação em resolvê-la.

Atendimento ao consumidor:
Caixa Postal: 11541 – CEP: 05049-970
São Paulo – SP – Brasil
Tel.: (11) 3874-0880
www.editoramelhoramentos.com.br
sac@melhoramentos.com.br

Impresso no Brasil

Apresentação

De que maneira uma pessoa configura sua identidade profissional? Que caminhos singulares e diferenciados, no enfrentamento das tarefas cotidianas, compõem os contornos que caracterizam o professor que cada um é?

Em sua performance solitária em sala de aula, cada educador pode reconhecer em sua voz e gestos ecos das condutas de tantos outros mestres cujo comportamento desejou imitar; ou silêncios de tantos outros cuja atuação procurou recalcar.

A identidade profissional resulta de um feixe de memórias de sentidos diversos, de encontros e de oportunidades ao longo da jornada. A identidade profissional é, portanto, o resultado do diálogo com o outro que nos constitui. É coletiva, não solitária.

A coleção Como Eu Ensino quer aproximar educadores que têm interesse por uma área de conhecimento e exercem um trabalho comum. Os autores são professores que compartilham suas reflexões e suas experiências com o ensino de um determinado tópico. Sabemos que acolher a experiência do outro é constituir um espelho para refletir sobre a nossa própria experiência e ressignificar o vivido. Esperamos que esses encontros promovidos por essa coleção renovem o delicado prazer de aprender junto, permitam romper o isolamento que nos fragiliza como profissionais, principalmente no mundo contemporâneo, em que a educação experimenta um tempo de aceleração em compasso com a sociedade tecnológica na busca desenfreada por produtividade.

A proposta desta série de livros especialmente escritos *por professores para professores* (embora sua leitura, estamos certos, interessará a outros aprendizes, bem como aos que são movidos incessantemente pela busca do conhecimento) é sintetizar o conhecimento mais avançado existente sobre determinado tema, oferecendo ao leitor-docente algumas ferramentas didáticas com as quais o tema abordado possa ser aprendido pelos alunos da maneira mais envolvente possível.

O pensamento científico na coleção Como Eu Ensino

Este volume apresenta um histórico do desenvolvimento da ciência centrado em uma ilustríssima trindade: Aristóteles, Galileu e Darwin. Nossa jornada histórica, plena de percalços, intrigas e debates acalorados, tem início na Antiguidade clássica, aqui representada pelo espírito inovador de Aristóteles, que rompeu com a visão platônica, fundando uma filosofia que influenciaria a ciência por mais de dezoito séculos. Por meio de exemplos práticos e compreensíveis, Bizzo nos surpreende ao mostrar como as explicações aristotélicas para os fenômenos físicos resistem impregnadas no senso comum até a atualidade.

A persistência das interpretações do filósofo grego nos ajuda a dimensionar a tarefa gigantesca levada a cabo pelos cientistas que, a partir do século XVI, começaram a demolir as concepções do filósofo grego, especialmente os de natureza celestial. Foi observando os astros com uma luneta que Galileu Galilei encontraria a brecha para questionar o conhecimento consagrado, criando ao mesmo tempo uma forma de gerar conhecimento a partir da observação rigorosa. Esse rigor Bizzo nos prova ao sobrepor a caderneta do cientista com anotações sobre as luas de Júpiter com as localizações precisas dos mesmos astros, reconstruídas por computador.

Dentro desse espírito iluminista, e fazendo uso de conhecimentos sobre geologia, zoologia e botânica existentes no século XIX, surge a terceira personagem dessa história das ciências: Charles Darwin, que se tornaria celebridade científica ao lançar sua obra seminal, *A origem das espécies*.

A evolução da ciência, cuja história formativa aqui se encontra centrada nessas três trajetórias, nunca cessa. Entendê-la como um processo histórico ajudará seus alunos a valorizar aqueles que lutaram contra preconceitos e postulados em nome da evolução do conhecimento. Por isso, o último capítulo traz reflexões sobre como o ensino de ciências é praticado nas escolas brasileiras – e sinaliza as escolhas capazes de levar crianças e jovens a lançarem um olhar mais atento ao que aprendem na escola.

Maria José Nóbrega e Ricardo Prado

Sumário

Introdução: o mundo dos mitos e do saber cotidiano 9

1. Desobedecendo aos mestres da filosofia:
o pensamento inovador de Aristóteles 31

2. Um sistema de ideias destemido:
Galileu Galilei e as novas ciências 47

3. Uma nova história natural:
Charles Darwin e as dinâmicas da natureza 85

4. A natureza da ciência e a escola:
metodologia de ensino 149

O autor / Agradecimentos 175

Introdução

O mundo dos mitos e do saber cotidiano

Uma das coisas mais difíceis que se pode perguntar a um cientista é o que é a ciência e como é possível distingui-la do que não é ciência. Um recurso muito rigoroso para procurar uma resposta, do ponto de vista metodológico, é buscar a evolução histórica do fazer científico. Isso nos remete à Grécia antiga e ao surgimento da filosofia, conhecida como a mãe da ciência moderna.

No entanto, não será muito estimulante perceber que uma das coisas mais difíceis que se pode perguntar a um filósofo é justamente o que é a filosofia. Existem pelo menos três respostas diferentes a essa pergunta, o que bastaria, segundo alguns filósofos, mesmo sem saber quais são elas, para afirmar com segurança que não sabemos o que é a filosofia. Mas esse aparente paradoxo nos ajuda a perceber a complexidade do assunto que queremos desenvolver na escola, com jovens que iniciam a adolescência.

Vamos às respostas. Uma das mais tradicionais, segundo alguns filósofos, diz que a filosofia se distingue por seu **objeto**, pois se ocupa de três questões fundamentais: o que existe no mundo, como sabemos o que existe no mundo e o que vamos fazer a respeito disso. Ao buscar a resposta a cada uma dessas perguntas, vamos nos envolver com três áreas do saber filosófico. Ao procurar saber o que existe no mundo, vamos estudar a natureza da realidade, no campo do conhecimento chamado pelos filósofos de "metafísica". Ao tentar compreender como podemos saber o que existe no mundo, vamos estudar as condições necessárias para se conhecer algo, no campo do conhecimento chamado de "epistemologia". Por fim, ao estudar o que se pode e o que não se pode fazer diante dos fatos do mundo e das formas de conhecê-los, vamos lidar com o que os filósofos chamam de "ética". Todos nós certamente já dedicamos um bom tempo a essas três questões, mas os que procuram sistematizar, registrar e comunicar o resultado de seus pensamentos são os filósofos que se tornaram mais famosos.

Essa resposta que confere relevo ao objeto da filosofia foi profundamente questionada a partir de Nicolau Maquiavel (1469-1527), que percebeu a necessidade de buscar incessantemente novas perguntas, para além da metafísica, da epistemologia e da ética, afirmando que a questão central a enfrentar será sempre a manutenção do poder, a política.[1]

Essa primeira resposta para a pergunta sobre o que é a filosofia nos ajuda a entender a segunda: pode-se filosofar sobre qualquer coisa – ou seja, não é o objeto da reflexão que distingue o filosofar –, mas o que importa é o método que se utiliza nessa sistematização cuidadosa do pensamento. O apoio na razão, de maneira explícita e justificada, seria a característica distintiva da filosofia, independentemente do objeto sobre o qual ela se debruça.

A defesa do método e da razão como parte essencial da filosofia encontrou oponentes intelectualmente robustos, desde Immanuel Kant (1724-1804) e Friedrich Nietzsche (1844-1900) até o contemporâneo Paul Karl Feyerabend (1924-1994). Tais filósofos, cada qual a seu modo, questionaram a objetividade de qualquer método e expuseram a validade relativa não apenas da reflexão filosófica, mas também das

---

[1] Talvez Maquiavel seja, entre todos os mencionados adiante, o mais incompreendido e mais erroneamente citado, o que se difundiu na linguagem popular por meio do adjetivo "maquiavélico", de conotação negativa. Para uma introdução rápida, porém sólida, ao pensamento desse florentino memorável, recomendo o livro de José Nivaldo Júnior, *Maquiavel, o poder, história e marketing*. São Paulo: Martin Claret, 2005.

teorias científicas, convidando-nos a criticar a forma de raciocínio que utilizamos a qualquer tempo.

Finalmente, a terceira resposta, talvez a mais antiga. Para alguns filósofos, a filosofia é uma atitude em relação à vida, ou seja, essencialmente um modo de viver. Ela nos leva a posições críticas em relação à forma de conceber coisas, fenômenos e comportamentos, uma recusa inicial em aceitar passivamente o que todas as pessoas aceitam sem refletir mais profundamente a respeito. Talvez o maior exemplo dessa posição seja Sócrates, que levou ao extremo seu "amor pela sabedoria", o significado da palavra "filosofia" em grego. Ele insistia em comunicar o resultado da sistematização de seus pensamentos críticos (que não cuidou de registrar) e acabou condenado à morte por isso. Por coerência com seu "modo de vida", com sua crença de que uma vida sem reflexão profunda não vale a pena ser vivida, enfrentou dignamente seu fim trágico e não fugiu ao castigo capital.

A visão socrática de filosofia foi questionada por outros filósofos, sendo um dos mais famosos Francis Bacon (1561-1626), que defendeu o primado do método e da razão, pois a vida humana tem a influência de "ídolos", que ofuscam nossa visão. Como vimos, a defesa do método, por sua vez, não esteve imune a críticas.

Assim, apontando honestamente as incertezas de base em nosso tema central, admito que, em lugar de buscar resolver a questão de definir o que é a ciência, o que seria algo pretensioso, optei por trilhar um caminho mais suave, trocando a investigação da essência de nosso objeto de estudo pela descrição do que ele tem sido, deixando ao leitor a tarefa de formular seu próprio conceito de ciência. Assim, convido o leitor a iniciar aqui uma jornada muito particular e modesta junto ao pensamento científico que integra a cultura ocidental e que é, portanto, essencial aos currículos do ensino fundamental. Portanto, do ponto de vista metodológico, justifica-se o recurso da exposição histórica diante da impossibilidade de definir simplesmente o que é ciência; cabe mostrar como o pensamento científico se transformou no decorrer dos tempos. No entanto, tampouco poderia enfrentar a tarefa de produzir um compêndio de história da ciência, por isso escolhi três ícones para discutir partes importantes de seus trabalhos nos próximos capítulos. Assim como três pontos definem um plano, três pensadores poderão nos dar uma ideia do vasto horizonte que delineia o panorama científico moderno. Mas antes será necessário entender o lugar onde se inicia essa jornada.

As descobertas da razão

Um ponto de partida para nossa jornada pode ser localizado na Grécia, no período pré-socrático. Acredita-se que Sócrates tenha vivido em Atenas entre 470 e 399 a.C. De origem humilde, conta-se que serviu como hoplita no exército ateniense, o que é uma indicação segura de que não se tratava de um aristocrata[2]. Sabe-se de seus pensamentos apenas pelos escritos de terceiros, alguns desenhando desdenhosamente uma figura pouco interessante, outros, ao contrário, apontando-o como pensador profundo e orador de rara qualidade. O simples fato de ter sido condenado à morte por transmitir

---

[2] O exército ateniense dividia as armas segundo o poder aquisitivo dos guerreiros e os bens conquistados de acordo com a eficiência relativa de cada guerreiro no campo de batalha. Assim, os aristocratas dispunham de cavalos e armas mais eficazes. A infantaria, composta pelos hoplitas, dispunha de elmo, escudo, lança, espada curta, uma armadura que protegia o peito e uma bota que cobria a parte frontal da canela e do joelho (a cnêmide). A disciplina dos hoplitas, que formavam fileiras cerradas em falanges, lhes garantia grande eficiência nos combates, só suplantada pelos legionários romanos.

seus pensamentos nos é suficiente para concluir que os primeiros devem ter traçado dele uma imagem muito imprecisa.

Sócrates foi celebrado como um filósofo que trouxe a filosofia para o mundo real – como disse depois o famoso pensador romano Cícero, ele fez a filosofia "descer dos céus". Aí temos algumas indicações de que o mundo intelectual grego anterior a Sócrates era um mundo distante e inatingível, que nos remete ao temor, à admiração cega ou, no mínimo, à prostração e ao sentimento de impotência diante do mundo. De fato, as descobertas eram vistas como revelações de elaborações de entidades místicas, compondo uma galeria de deuses que povoavam a mitologia da época.

Os matemáticos viam nos números e nas formas geométricas expressão de vontades divinas, que infundiam encantos capazes de deslumbrar magicamente nossas sensações. O círculo era visto como expressão da perfeição, só possível aos deuses. Assim, havia uma relação no círculo, que todos aprendemos na escola pelo número que algum professor certamente fez cada um de nós memorizar antes de alguma prova: 3,1416... O diâmetro de um círculo de qualquer tamanho cabe pouco mais de três vezes em sua circunferência. Trata-se de um número ("pi") que demonstrou ser útil numa infinidade de aplicações práticas, até hoje.

Mas outra relação matemática era capaz verdadeiramente de deslumbrar nossos sentidos. Imagine-se um segmento de reta que liga o ponto A ao ponto B. É possível encontrar um ponto entre eles capaz de definir dois segmentos de reta com uma relação muito particular. A razão entre os dois subsegmentos é igual à razão do segmento completo por um dos subsegmentos (figura 1).

```
A                         C               B
├─────────────────────────┼───────────────┤
```

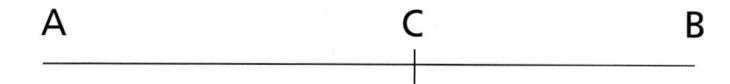

$$\Phi = \frac{AC}{CB} = \frac{AB}{AC} = 1{,}6180339887\ldots$$

Figura 1. A descoberta de um ponto "mágico" em um segmento de reta (o ponto C) estabelece uma igualdade universal e um quociente muito particular ("fi").

Essa relação matemática, cujo quociente é representado pela letra grega maiúscula Φ ("fi"), passou a ser conhecida como "relação áurea". Trata-se de um equilíbrio muito interessante, cuja particularidade ainda permanece enigmática. Ele nos encanta! Procure traçar um retângulo utilizando como lados esses dois subsegmentos. O retângulo resultante terá um equilíbrio estético que nenhum outro retângulo será capaz de igualar. Esse número aparecia na natureza, surpreendendo os matemáticos, que o viam como "mágico", fruto de uma trama divina, algo diante do que somos completamente impotentes. Só nos resta contemplar sua beleza.

Aplicações da razão

Quando os atenienses decidiram construir um templo majestoso para a deusa Atena, no século V a.C., sua arquitetura não podia deixar de incorporar essa relação mágica, que trazia harmonia ao conjunto. Ao observarmos cada detalhe, encontraremos o uso dessa relação (figura 2).

Figura 2. Partenon, edifício construído no século V a.C. em Atenas, na Grécia.

O templo era destinado à maior divindade grega, considerada a deusa da sabedoria e de tantas outras virtudes. Como era comum ocorrer com os templos gregos, era também o local onde se guardavam riquezas, como as reservas de ouro e pedras preciosas. A proporção áurea pode ser encontrada em seus detalhes arquitetônicos e até mesmo nas estátuas majestosas esculpidas para ornamentá-lo, deslumbrando os visitantes do templo sagrado.

Não poderia haver dúvida de que a dízima 1,6081... fosse uma invenção divina. Ela podia ser encontrada nas mais variadas manifestações da natureza, como na distribuição das cores em pássaros e flores, na proporção do corpo de insetos e na anatomia humana. O braço e a mão humanos, e até mesmo as falanges dos dedos, guardam uma proporção entre si da ordem de 1 : 1,6180... (figura 3).

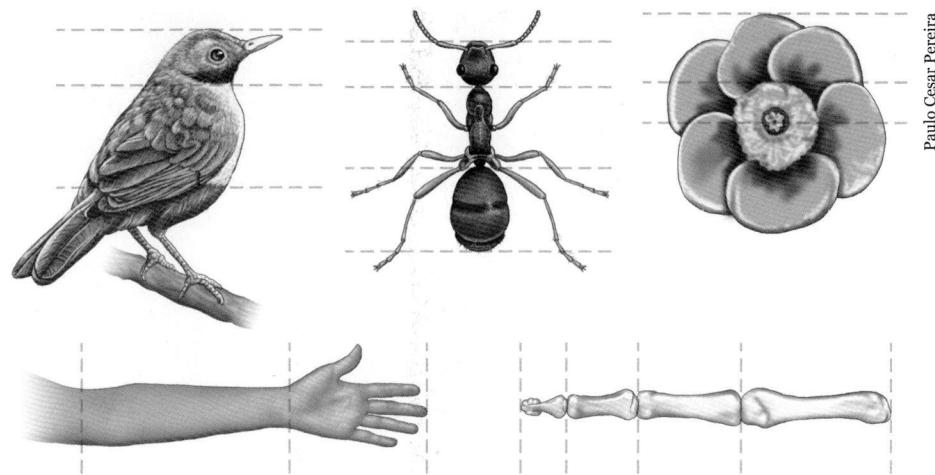

Figura 3. A proporção áurea pode ser encontrada nas mais diversas formas da natureza, incluindo a anatomia de vegetais e animais, entre eles o ser humano.

Até mesmo modernamente, encontramos a proporção áurea nas mais inesperadas situações, por exemplo, no eletrocardiograma e na espiral das galáxias (figura 4).

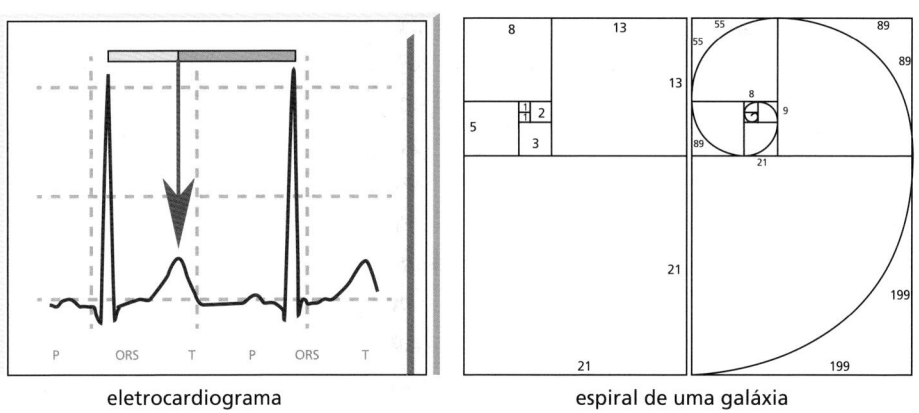

Figura 4. A proporção áurea pode ser encontrada na curva de um eletrocardiograma e na espiral das galáxias.

As conchas de muitos animais são construídas em formas que guardam proporções idênticas à proporção áurea. Por exemplo, o molusco náutilo é um bom exemplo de como é possível observar a precisão matemática nas formas naturais (figura 5).

Figura 5. A proporção áurea pode ser encontrada nos detalhes da concha de moluscos como o náutilo.

Assim, não era de se estranhar que essas descobertas matemáticas fossem vistas como "mágicas", reflexo de desígnios divinos. Até hoje não há explicações razoáveis sobre por que essa proporção nos impressiona tanto e por que ela é tão comum na natureza.

Os fósseis, conhecidos de há muito, mas sem explicação razoável até o século XVII, muitas vezes traziam essa mesma proporção. Aqueles conhecidos como "amonites" (figura 6) eram encontrados em grandes quantidades em certas localidades, como na Grécia, na Itália e no Egito, ocupadas pelas civilizações mais antigas.

Figura 6. Desde o Egito antigo, são conhecidas rochas com formas bizarras, que trazem a proporção áurea. Foram consideradas marcas do deus Amon e chamadas "amonites".

Não espanta, portanto, que essas rochas fossem vistas como marcas deixadas por um deus, ainda mais porque traziam igualmente a marca da razão áurea. Elas eram, por assim dizer, uma "assinatura" de seu autor, alguém com profundo conhecimento matemático, capaz de criar coisas perfeitas – ou seja, um deus! Os egípcios o chamaram Amon (figura 7), que chegou a ser a maior divindade egípcia no período ptolomaico. De fato, Alexandre, o Grande, foi ao templo de Amon para obter seu reconhecimento, tornando-se, assim, rei do Egito.

Figura 7. O deus Amon, dos egípcios, associado ao carneiro, era considerado uma das maiores divindades, capaz de deixar sinais de sua presença pela marca dos chifres.

Os romanos incorporaram diversas divindades egípcias, como Ísis e Amon. Eles passaram a associar Amon a Júpiter e a Marte, o deus guerreiro e vingador, que foi adotado como símbolo por uma das legiões romanas. Assim, as "marcas de Amon" tinham um profundo significado místico e simbólico nos tempos romanos. Se isso for associado à ampla distribuição das marcas fósseis dos amonites, não será difícil perceber como os romanos utilizaram esse ícone petrificado a fim de amedrontar e impor seu domínio aos povos conquistados.

Nosso ponto de partida é, portanto, uma época de grandes construções monumentais, exércitos organizados e guerreiros armados, com disciplina militar. Ao mesmo tempo, os deuses eram invocados para justificar quase tudo, desde as relações matemáticas até a concentração do poder e da riqueza. Vivia-se um mundo explicado por mitos. A matemática se desenvolvia e era utilizada por sacerdotes e artesãos construtores em suas elaborações. A filosofia ainda ensaiava seus primeiros passos e Sócrates fazia muitos discípulos em Atenas, os quais haveriam de influenciar o mundo ocidental por muitos séculos.

Renascimento: a retomada da razão

Durante muitos séculos a tradição ocidental foi dominada por certa maneira de interpretar os ensinamentos antigos, em especial da filosofia grega e de seus intérpretes romanos da Antiguidade. O estudo direto da natureza era negligenciado, sendo até mesmo alvo de algum preconceito. Mas a expansão comercial dos reinos da Europa, em meados do século XV, exigia mapas melhores, o que dependia diretamente do entendimento da astronomia.

A tradição astronômica europeia estava baseada em trabalhos da Antiguidade, mas dependia de traduções manuscritas de livros muito antigos, sobre cuja acuidade havia sérias dúvidas, seja na transcrição, seja na tradução. Assim, foi realizada a grande tarefa de traduzir diretamente dos originais antigos o conjunto de treze livros de *Almagesto*, de Cláudio Ptolomeu (século II), um grande catálogo de estrelas e de cálculos matemáticos. Seus livros traziam uma grande síntese de todas as observações disponíveis, incluindo as dos mundos grego e árabe. Essa nova tradução, publicada em 1496, estava em sintonia com um movimento contrário à simples reprodução das tradições e alinhada com o redescobrimento dos originais antigos e o direito de reinterpretá-los. O mesmo ocorreu com os clássicos da medicina e da botânica.

O aprendizado do grego e do árabe passou a ser incentivado e especialistas médicos começaram a estudar diretamente os originais antigos. Nessa época, autoridades de medicina, como Niccolò Leoniceno (1428–1524), passaram a criticar autores tidos como irretocáveis, autores de livros em latim, como Plínio, o Velho (23 d.C.-79)[3], que incorporavam os clássicos gregos. Uma de suas obras dedicava-se a expor os erros de Plínio, reeditada após sua morte.[4] Assim, advogava-se a necessidade de retornar aos originais, conhecendo não apenas os livros em latim disponíveis à época, mas também os gregos e árabes nos quais estavam baseados.[5] Foi assim que os livros de Plínio, o Velho, tidos como textos básicos para a formação dos médicos por mais de mil anos, passaram a ser questionados. Pouco mais tarde seria a vez de as lições de anatomia humana de Galeno serem revistas profundamente. Se as descrições anatômicas, explicações de doenças e indicações de plantas úteis para remediá-las, tomadas dos textos gregos, estavam erradas, então a prática médica deveria ser revista, ao mesmo tempo em que os autores de botânica deveriam também ser revistos.

---

[3] Gaius Plinius Secundus, naturalista romano e oficial militar, além de embaixador romano, compilou trabalhos de cerca de 4 mil autores diferentes, a maioria a partir de fontes gregas. Seu trabalho mais importante tem 37 volumes (*Historiarum mundi*) e reúne todo o conhecimento dos romanos sobre diversas áreas do conhecimento, como cosmologia, astronomia, geografia, zoologia, botânica, mineralogia, medicina, metalurgia e agricultura.

[4] A obra *De Plinii erroribus*, de Leoniceno, não apenas demonstrava os erros dos escritos antigos, mas apresentava formas de encontrar conhecimento válido a partir da observação direta. A última parte de seu livro era toda dedicada a descrever os estudos botânicos realizados ao redor da cidade de Lucca. Cf. OGILVIE, B. W, *The Science of Describing*. Chicago; Londres: The University of Chicago Press, 2006, p. 108.

[5] V. GRAFTON, A. Renaissance, p. 717-719. In: HEILBRON, J. L. (ed.). *The Oxford Companion to the History of Modern Science*. Oxford: Oxford University Press, 2003, 939 p.

Na astronomia, a revisão dos textos permitiu realizar novas observações. Entre os que naquela época faziam seus estudos na península italiana estava Nicolau Copérnico (1473-1543), estudante de Direito Canônico na Universidade de Bolonha (entre 1496 e 1500) e de Medicina na Universidade de Pádua (1501-1503). Copérnico teve acesso à nova tradução do *Almagesto*, então recentemente disponível, feita a partir de fontes originais, com notas críticas introduzidas pelo tradutor, o celebrado matemático e astrônomo Johannes Regiomontanus (1436-1476). Copérnico desenvolveu sua obra a partir de 1514, quando estava de volta a suas funções eclesiásticas na Polônia, e muito provavelmente foi influenciado por fontes árabes, em especial pelo compêndio do astrônomo sírio Ibn al-Shatir (1304–1375),[6] que se tornara muito conhecido no Renascimento. Este não discordava do sistema geocêntrico de Ptolomeu, mas validara as observações diretas como meio para corrigir os livros clássicos. Assim, ele oferecia uma alternativa à mecânica ptolomaica, a partir de uma geometria mais simples e precisa para prever a posição dos astros. Como veremos adiante, Copérnico sabia das implicações de suas teorias heliocêntricas e do impacto que teriam junto à Igreja Católica, à qual era profundamente ligado. Talvez isso explique o fato de não ter publicado suas ideias em vida, deixando a outros, como Galileu Galilei, como veremos adiante, a tarefa de enfrentar as reações contrárias no século seguinte.[7]

---

[6] V. ROBERTS, V. *The Solar and Lunar Theory of Ibn al-Shátir: a precopernican model. Isis*, 48: 428-432.

[7] Por volta de 1510, Copérnico escreveu seu famoso *Pequeno comentário sobre as hipóteses formuladas por Nicolau Copérnico acerca dos movimentos celestes*, que circulou pela Europa na forma manuscrita, durante sua vida e por quase cem anos. Trata-se de um resumo de seu sistema heliocêntrico, que só seria plenamente desenvolvido em sua obra posterior, *Sobre a revolução das esferas terrestres* ("De revolutionibus orbium caelestium"), na qual ele incluiu refinamentos importantes, como um tratamento mais adequado da precessão dos equinócios. Ele provavelmente viu o *Revolutionibus* sair da gráfica apenas em seu leito de morte, em 1543. V. GINGERICH, O. Copernicus. In: HEILBRON, J. L. (ed.), *The Oxford Companion to the History of Modern Science*. Oxford: Oxford University Press, 2003, 939 p., p. 179-181; e MARTINS, R. Introdução geral ao Comentariolus de Nicolau Copérnico. In COPÉRNICO, N., *Commentariolus*. 2 ed., São Paulo: Livraria da Física, 2003, p. 25-104.

Ao mesmo tempo em que essa revolução de ideias contaminava a Europa, outra revolução ocorria nos meios materiais de vida. A invenção da imprensa fazia essas novas ideias circularem ampla e rapidamente, mas ela própria era resultado da mecanização, da introdução de novas técnicas produtivas, que se estendiam da mineração à navegação e às artes militares. Os autores dessas novas proezas mecânicas se autodenominavam "engenheiros" e reivindicavam o reconhecimento de seu *status*, como teóricos das produções práticas.[8]

Essa revolução chegou às artes com um conjunto de inovações. A mineração tinha revelado um novo conjunto de sais e minerais que permitiam uma infindável combinação de arranjos de cores e tonalidades jamais vistos pelos pintores da Idade Média. A volta aos clássicos gregos e romanos revelava a perfeição dos detalhes anatômicos das figuras humanas, envoltas na matemática mágica das escolas pré-socráticas. Isso vai explicar os detalhes das criações de Leonardo da Vinci (1452-1519), um dos maiores ícones do Alto Renascimento, que incluíam a marca dos gregos – a razão áurea (figura 8).

Outros artistas da época, envoltos sempre em disputas por obras, em especial as encomendas do Vaticano, como Michelangelo Buonarroti (1475-1574), não deixaram de utilizar as regras clássicas, seguindo não apenas os detalhes matemáticos, mas também os estudos anatômicos. Nos detalhes do teto da Capela Sistina, pintado entre 1508 e 1512, Michelangelo utilizou as regras matemáticas presentes nas obras de Leonardo, em especial na cena do momento da criação de Adão (figura 9).

---

[8] V. GRAFTON, A. Renaissance, p. 718. In: HEILBRON, J. L. (ed.). *The Oxford Companion to the History of Modern Science*. Oxford: Oxford University Press, 2003, 939 p.

pensamento científico 25

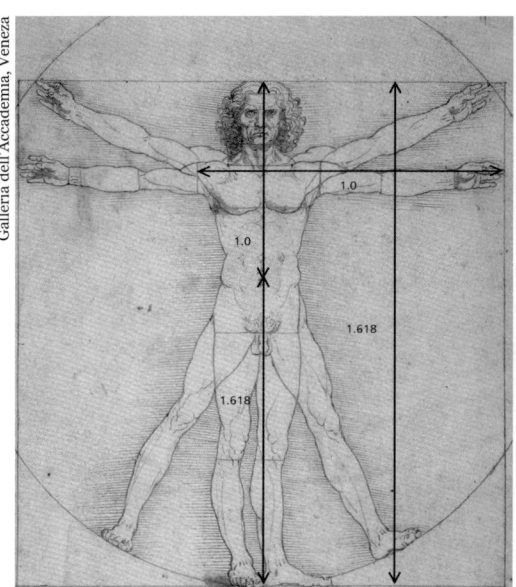

Desenho de Leonardo da Vinci: *Homem vitruviano*, c. 1492.
Pena e nanquim sobre papel.

Pintura de Leonardo da Vinci: *Mona Lisa*,
c. 1503-1506.

Figura 8. Nas criações artísticas de Leonardo da Vinci, as marcas da retomada da matemática dos gregos estavam sempre presentes, como a proporção áurea.

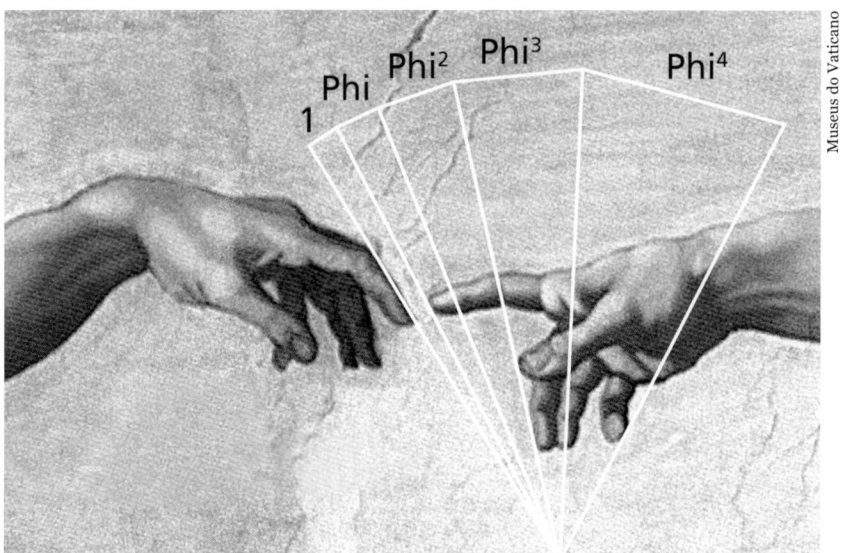

Figura 9. Detalhe de afresco de Michelangelo: *A criação de Adão*,
c. 1510, que integra a pintura do teto da Capela Sistina.

Os estudos anatômicos de Leonardo da Vinci e as esculturas de Michelangelo revelam um conhecimento anatômico empírico, que dificilmente poderia ser explicado a partir do conhecimento das obras de Galeno. De fato, reconhece-se que os artistas do Renascimento tenham participado de diversas atividades proibidas à época, como estudos anatômicos com cadáveres.

Michelangelo tinha apenas 13 anos quando participou das primeiras sessões de dissecção de cadáveres. Segundo uma de suas primeiras biografias, escrita por Ascanio Condivi com sua autorização e publicada em 1553, a maioria dos corpos dissecados pelo artista era de criminosos executados, mas alguns provinham de hospitais. A manipulação de cadáveres por muito tempo teria sido responsável, segundo essa biografia, pelos distúrbios gástricos que o acompanharam por toda a vida. Seu conhecimento de anatomia humana era extraordinário. Uma interpretação recente do teto da Capela Sistina revelou uma profusão de cenas anatômicas, que teriam funcionado como um verdadeiro código secreto, reconhecível apenas por aqueles que frequentavam as sessões clandestinas de dissecção de cadáveres, proibidas pela própria Igreja Católica, que encomendara a obra.[9]

Até hoje temos exemplos da utilidade da aplicação das descobertas da matemática mágica da Grécia antiga. Maços de cigarro e cartões de crédito exploram a mesma geometria do encanto da razão áurea, o "fi" dos gregos, que ajuda a nos convencer da beleza de agredir nossos pulmões e nossas economias (figura 10).

---

[9] BARRETO, G.; GANZAROLLI, M. *A arte secreta de Michelangelo*: uma lição de anatomia na Capela Sistina. São Paulo: Arx, 2006.

Figura 10. A geometria do maço de cigarro (bem como a do cartão de crédito) se vale da geometria grega, que encanta nossos sentidos.

Podemos entender que o período chamado de Renascimento foi ao mesmo tempo marcado pela efervescência intelectual em todos os sentidos e, paradoxalmente, pela retomada de antigas crenças, ligadas aos mitos e ao saber cotidiano. As explicações para o mundo ainda residiam na suposição de que cada detalhe das coisas existentes havia sido criado conforme um propósito, ou finalidade. Ao retomar os clássicos, retornar-se-ia às explicações inventadas pelos antigos gregos para a existência das coisas. Por exemplo, as plantas com folhas em forma de coração passaram a ser estudadas por seu potencial farmacêutico para os males cardíacos; afinal, a criação de sua forma deveria encerrar uma mensagem de seu criador. E não se pense que essa maneira de entender o mundo fosse restrita ao mundo católico. Na Inglaterra, desde o reinado de Henrique VII, que iniciou o período Tudor em 1485, até o final do reinado da

Casa dos Stuart (1714), a visão predominante era a de um mundo criado especialmente para o bem humano.[10] Os filósofos clássicos e a Bíblia fundamentavam essa visão da natureza. Para Aristóteles, que via em tudo um propósito, ela não produzira nada em vão. As plantas teriam sido criadas como alimento para os homens e os animais, que por sua vez também tinham a finalidade de alimentar o ser humano. Os animais domésticos existiam para amenizar o trabalho humano e os selvagens tinham sido criados para ser caçados. Os filósofos romanos tinham ensinado a mesma coisa: a natureza existia unicamente para servir aos interesses humanos.

Assim, pode-se entender como essa época foi ricamente contraditória. As artes, a filosofia e a religião ganhavam autores que rompiam com as tradições milenares, ao mesmo tempo em que a reação em sentido oposto se fazia sentir, procurando assegurar a manutenção dos valores mais tradicionais. Ao final do século XVI, a maioria das pessoas instruídas ainda tinha tido como referência em seus estudos a física de Aristóteles, a medicina de Plínio e Galeno e a astronomia de Ptolomeu.[11] De certa forma, depois da assim chamada escuridão da Idade Média, renascia a busca da razão nas raízes clássicas de Grécia e Roma. Mas nessas regiões também tinham florescido os mitos e o saber cotidiano, e uma filosofia que tinha sido adaptada às necessidades da hierarquia católica. A Igreja Católica, como reação aos movimentos protestantes, realizou outra grande reunião de líderes na cidade de Trento (atual Itália) para redefinir a postura da Igreja diante de diversos questionamentos, entre eles a validade da tradução da Bíblia realizada

---

[10] V. THOMAS, K. *O homem e o mundo natural*. São Paulo: Companhia das Letras, 1988.
[11] V. GRAFTON, A. Renaissance, p. 717-719. In: HEILBRON, J. L. (ed.). *The Oxford Companion to the History of Modern Science*. Oxford: Oxford University Press, 2003, 939 p.

por São Jerônimo (347-420 d.C.). Ele vertera do grego antigo (Novo Testamento) e do hebraico (Antigo Testamento) para o latim popular, dando origem à obra que passou a ser conhecida como "Vulgata", utilizada por muitos séculos. De fato, o Concílio de Trento (1545-1563) ratificou o texto bíblico questionado pelos reformadores, tomando a Vulgata como texto sagrado, ao mesmo tempo em que reafirmava as teses de Tomás de Aquino (1225-1274), que tinha incorporado o aristotelismo à doutrina católica no século XIII.

A astronomia de Copérnico, conhecida após 1543, foi reprovada pelos poucos astrônomos em condição de entendê-la do ponto de vista de suas demonstrações matemáticas. Contudo, nada indica que essa reprovação inicial tenha sido influenciada pela Igreja, uma vez que a maioria das reações foi de admiração pelos dotes matemáticos de Copérnico, tido como grande ou até o maior de todos os astrônomos. No entanto, houve uma quase unânime contrariedade pela utilização do que foi considerada uma "física absurda".[12] Por exemplo, a ideia de que a Terra se movia era totalmente contrária à noção intuitiva que temos ao habitá-la. Isso demonstrou que uma nova explicação para o universo não poderia ser aceita sem uma nova explicação para os movimentos.

Aristóteles explicara os movimentos utilizando o conhecimento cotidiano. Quem haveria de negar sua física e comprovar a astronomia heliocêntrica seria Galileu, um de nossos próximos personagens. Mas, antes, é preciso mergulhar no pensamento inovador de Aristóteles, que irá afetar o modo ocidental de pensar por muitos séculos.

---

[12] V. MARTINS, R. Introdução Geral ao Commentariolus de Nicolau Copérnico, p. 25-104. In: COPÉRNICO, N. *Commentariolus*. 2 ed. São Paulo: Livraria da Física, 2003, em especial p. 91-93.

Capítulo 1

Desobedecendo aos mestres da filosofia: o pensamento inovador de Aristóteles

Aristóteles foi considerado por alguns como o maior de todos os filósofos da história, e, paradoxalmente, por outros, como o mais sério obstáculo para que o Ocidente superasse as trevas da Idade Média. A explicação para essa ampla gama de visões é relativamente simples, pois ele é autor de uma obra muito vasta que foi adaptada pela Igreja Católica no século XIII, por Tomás de Aquino e seu mestre, Alberto Magno, considerados duas sumidades intelectuais em sua época, referências maiores na chamada "tradição escolástica"[13].

Assim, superar essa visão implicava afrontar uma hierarquia rígida e uma autoridade consolidada pelas estruturas do poder político da Europa. No entanto, para entender o que havia a superar, é necessário compreender de que maneira o conhecimento produzido por Aristóteles significou um avanço, principalmente em sua época, mas, também, como seu legado passou a impedir o florescimento e a aceitação das ideias modernas.

O jovem estagirita

Aristóteles nasceu em 384 a.C. na cidade de Estagira, na extremidade norte do mar Egeu, filho de um

---
[13] A escolástica foi um movimento reformador cristão iniciado por Santo Agostinho (345-430 d.C.), que buscou reinterpretar os ensinamentos do cristianismo à luz do pensamento ocidental, conciliando fé e razão. As primeiras escolas eclesiásticas foram fortemente influenciadas por essa tradição, profundamente abalada pelo Renascimento e pela Reforma protestante.

influente médico do rei da Macedônia. Aos 17 anos foi mandado para Atenas, e estudou com o maior filósofo da época, Platão, que fundara uma escola diante do bosque de Academos, um herói da mitologia grega, por isso conhecida como Academia. O jovem estudante se destacou a ponto de ser prezado como seu melhor aluno, o que não o impediu de divergir do mestre de maneira muito profunda. No entanto, isso mesmo era, de certa maneira, prova de seu aprendizado verdadeiro, pois uma das lições mais significativas de seu mestre Platão se referia a refletir sobre as convicções mais profundas. Ele, ao assim proceder, acabara por discordar de lições básicas.

Na base da filosofia platônica reside a concepção de que a concretização das coisas só pode se dar por meio de um empobrecimento de sua existência abstrata. Assim, o círculo pode ser perfeito em pensamento, mas um círculo construído em madeira, por exemplo, jamais será perfeito. Por consequência, a observação das coisas do mundo a fim de desenvolvermos nossas ideias sobre ele era vista, por Platão, como uma simples perda de tempo. Um pensamento, para ser verdadeiro, deveria ser perfeito, o que implicava abandonar o mundo das coisas concretas e imperfeitas como fonte de modelos para nosso pensamento. O "pensar correto" era condição de criação das coisas verdadeiras, e não sua tangência com o mundo real.

Aristóteles passou a discordar de seu mestre e atribuiu ao mundo concreto e real papel decisivo para desenvolver o pensamento. Logo se tornaria um professor conhecido e respeitado, o que o levou a ser indicado, em 342 a.C., preceptor do filho do então novo rei da Macedônia, que haveria de ser Alexandre, o Grande. Este sempre reconheceu os ensinamentos de seu professor, que o levaram a grandes conquistas militares, resultando em retribuições generosas para que o mestre continuasse a desenvolver suas pesquisas e escrever livros. Acredita-se que Aristóteles tenha escrito de quatrocentos a mil livros, embora poucos tenham sobrevivido até nosso tempo. Isso significa que, muito provavelmente, a escola que ele fundou, e que se chamava Liceu, tinha uma vasta equipe de colaboradores, que devem ter constituído a primeira equipe de pesquisa da história. Fala-se em centenas de homens, que viajavam aos mais remotos pontos do mundo conhecido à época, coletando e desenhando espécimes. Assim, não é de se estranhar que sua contribuição mais duradoura tenha sido no campo da Biologia, abarcando aproximadamente a terça parte dos escritos que chegaram até nós.

As descrições zoológicas de Aristóteles eram coerentes com a forma de pensamento que desenvolvera, tributário do de Platão embora essencialmente distinto. Por exemplo, o pé da galinha, o do pato e o do gavião são parecidos, mas profundamente diferentes. Para ele, era fácil entender a razão disso, pois o pé do pato tinha a finalidade de impulsionar o animal na água; o da galinha, na terra; e o do gavião tinha a finalidade de agarrar alimento. Diversos filósofos haviam discutido a razão de possuirmos mãos tão especiais. Para Anaxágoras (498-428 a.C.), por possuir mãos tão prodigiosas, teríamos desenvolvido nossa inteligência e nos tornado os animais mais inteligentes do mundo. A resposta de Aristóteles era radicalmente oposta, pois dizia que a natureza nos dotara de mãos para que exercitássemos nossa inteligência. A finalidade das coisas explicava sua própria existência, no sentido de que os fins explicam os meios, e não ao contrário.

Outra conhecida passagem dá conta de sua oposição a outro filósofo pré-socrático, Empédocles (c. 490-430 a.C.), que argumentava que as partes dos animais, como seus pés, os habilitam a sobreviver, sendo que aqueles que não os possuíssem acabariam por morrer. Ele teria exemplificado com os dentes humanos: por que temos dentes incisivos e dentes molares exatamente nos lugares da boca mais apropriados para sua função? A resposta de Empédocles, que vivera muito antes de Aristóteles, era surpreendente, pois apontava justamente para uma explicação de feição "moderna", conjugando a coincidência de tê-los e sua função. Ele dizia que, a cada geração, nascem animais com dentes adequados às suas necessidades e outros sem eles, mas apenas os que os possuem sobrevivem, numa surpreendente aproximação que recorda um programa "adaptacionista". Já a resposta de Aristóteles reafirmava seu princípio de priorizar a finalidade, capaz de explicar os meios. Ele dizia que, estivesse Empédocles correto, seria possível observar algo muito diferente do que de fato se vê, ou seja, os animais nascem com os dentes de que necessitam – por exemplo, todos os cães nascem com grandes caninos e as ovelhas nascem sem eles –, e não o contrário, como exigia a teoria de Empédocles.[14] A finalidade, e não o acaso, explicaria a perfeita adequação dos dentes ao alimento do animal.

O argumento causal a rivalizar com essa explicação, identificada com a supremacia da necessidade, é o do acaso. O estagirita diz que o argumento é sedutor e poderia confundir muitas pessoas, mas ele se fixa na questão constitutiva do ser. Não existe um cão que não seja identificável, em linhas gerais pelo menos, por seus dentes. Por mais que uma onda de frio ocorra no verão, isso não é suficiente para nos confundir sobre em que estação do ano estamos. Tampouco passaremos a definir o verão pela ocorrência de ondas de frio, que, mesmo que ocorram naquela época do ano, não chegam a ser parte constitutiva dela. Os fatos fortuitos não têm uma finalidade e,

---

[14] V. IRWIN, T. H. *Aristotle's First Principles*. Oxford: Clarendon Press, 1988, em especial p. 105 e seguintes ("Disputes about teleology").

mesmo que ocorram, não se incorporam à natureza das coisas. Assim, eles não se confundem com os fatos que cumprem uma finalidade e se incorporam à natureza das coisas, passando a ser identificados com elas. Se os dentes cumprem uma função, têm uma finalidade, e, sendo assim, não podem ser creditados ao acaso. Eles se incorporaram ao ser e continuarão a constituí-lo naturalmente, o que contrariava a visão de Empédocles.

O entrave do finalismo aristotélico

Os animais estavam equipados com o que de melhor havia para sua sobrevivência e isso lhes conferia estabilidade em um mundo em constante movimento.[15] E, assim, Aristóteles conseguiu organizar classificações, a partir dessas características estáveis, percebendo uma "ordem" no mundo, o que lhe permitia criar conhecimento de uma maneira rigorosa. Além de estudar as características externas, Aristóteles investigou o interior dos organismos, sendo provavelmente um dos primeiros estudiosos a dissecar animais para estudá-los. Além disso, ele admitia a geração espontânea de animais pequenos, identificando o animal com o tipo de matéria em meio à qual ele era gerado. Os animais que eram espontaneamente gerados em matéria mole, como a lama, eram, eles também, moles (como os vermes). Os que eram gerados em meio à areia, por exemplo, tinham carcaças e carapaças duras (os chamados "testáceos").

Mas por que razão, então, sua influência é considerada tão danosa por alguns? Bem, inicialmente, deve-se reconhecer a convicção aristotélica de que as partes estavam perfeitamente ajustadas às necessi-

---

[15] Esta era uma nítida influência do platonismo incorporada por Aristóteles.

dades do animal, sendo, por isso, reveladoras da finalidade para a qual foram supostamente criadas. Essa perspectiva, denominada "finalismo" ou "teleologia", constitui por si uma grande dificuldade para o desenvolvimento da biologia moderna, como veremos adiante. A biologia aristotélica tem muito de descritivo e, por isso, resistiu ao tempo,[16] mas seu recurso ao finalismo e sua aversão a outros fatores casuais colidem frontalmente com a compreensão moderna.

Além disso, coerente com sua maneira de conceber o mundo, Aristóteles conseguia explicações factíveis para a existência de praticamente tudo, o que acrescentava grande dificuldade para aqueles que pretendiam criticá-lo. Por fim, seu sistema tinha uma demanda lógica que o tornava especialmente palatável a hierarquias religiosas, pois não podia carecer de uma divindade. De fato, o Concílio de Trento declarou a versão de Tomás de Aquino de Aristóteles como a doutrina oficial da Igreja Católica ("tomismo"). A dominância cultural, intelectual e teológica do mestre estagirita se estendeu aos países protestantes e, embora a doutrina aristotélica tenha sido seriamente questionada na chamada "revolução científica", como veremos no próximo capítulo, ela teve presença marcante no pensamento científico pelo menos até o século XIX. Os jesuítas introduziram, em 1586, a *Ratio studiorum*, que definia os textos-padrão para o ensino da filosofia aristotélica em seus colégios, a partir de sua sede vaticana, o *Collegio Romano*. Muitas escolas cristãs adotaram esse currículo, ainda que com adaptações. Os textos selecionados pelos jesuítas incluíam a descrição do mundo físico constituído pelos quatro elementos (terra, água, ar e fogo) e

---

[16] Darwin se referiu elogiosamente a Aristóteles, como "um dos maiores, se não o maior dos observadores", embora admitisse um conhecimento indireto, apenas a partir de fontes secundárias e comentaristas. V. GOTTHELF, A. Darwin on Aristotle. *Journal of the History of Biology*, 1999, 32(1): 3-30.

mencionavam o heliocentrismo de Copérnico, mas de maneira crítica. Muitos esforços foram empreendidos, a partir de 1600, a fim de conciliar as novas observações astronômicas e outras descobertas ao sistema ptolomaico-aristotélico, principalmente a partir do *Collegio Romano*.[17] Da mesma forma, a Inquisição foi revigorada e passou a combater mais fortemente os oponentes dessa versão oficial. Giordano Bruno (1548-1600) acabou condenado por ela, por sustentar visões opostas à filosofia aristotélica tomista, em especial sua defesa da infinitude do universo[18] e da possibilidade de vida em outros planetas.

A solidez do sistema aristotélico

As coisas do mundo teriam propriedades que poderiam ser reduzidas a quatro aspectos, oponíveis dois a dois. As coisas poderiam ser quentes ou frias, úmidas ou secas, em uma ampla gama de possibilidades entre esses extremos, ligadas a seus elementos constituintes. Estes, em nosso mundo, seriam também quatro: o fogo, a água, o ar e a terra. A lenha fria podia tornar-se quente ao perder água, por exemplo, caso fosse colocada no fogo. Vê-se que, quando começa a arder, ela perde água, que dela começa a porejar. Essa mudança libera o ar de seu interior, na forma de fumaça, e a terra que a constitui, que forma as cinzas. Assim, uma coisa fria e seca se tornaria quente e úmida. Essa era a visão tradicional dos quatro elementos na Grécia antiga, já presente em Empédocles, à qual Aristóteles havia acrescentado um quinto elemento,

---

[17] SARGENT, R-M. Aristotelianism. In: OLBY, R. C.; CANTOR, G. N.; CHRISTIE, J. R. R.; HODGE, M. J. S. *Companion to the History of Modern Science*. Londres; Nova York: Routledge, 1990, 1081 p., p. 44-45.

[18] Esta era uma das retificações de Tomás de Aquino, pois Aristóteles originalmente acreditava que o universo não havia tido um início, o que contrariava a descrição da criação do mundo *ex novo* (criado a partir do nada) presente no Gênesis.

o éter (ou quintessência) presente de maneira imperceptível no céu, mas aparente ao se agregar, formando as estrelas e, em agregados maiores, os planetas, a Lua e o Sol.

Os cinco elementos tinham propriedades intrínsecas, que explicavam sua dinâmica. O fogo teria uma tendência natural para se mover para cima; a água, por outro lado, descia, mas permanecia por cima da terra. O ar tendia a subir, ficando acima da água, mas nunca alcançaria a altura do fogo. Assim, os elementos terrestres tinham movimento retilíneo, seja em sentido ascendente ou descendente. Um objeto constituído por grande quantidade de um elemento poderia ser mais pesado ou mais leve. Uma pluma é constituída de muito ar; isso explicaria o fato de se mover lentamente em direção à terra. Já uma pedra pequena possuiria grande quantidade do elemento terra, o que explicaria seu movimento rápido para baixo. Pedras pequenas se movimentariam mais lentamente para baixo; pedras mais pesadas, com mais elemento terra em sua constituição, se movimentariam mais rapidamente.

Esses movimentos naturais dos objetos do mundo poderiam ser alterados por alguma violência, os "movimentos forçados", mas não se aplicariam aos objetos do céu. Estes seriam imperturbáveis, pois constituídos de um elemento distinto (o éter), o qual invariavelmente se movia de maneira uniforme, descrevendo uma trajetória perfeitamente circular. O círculo era visto como uma manifestação de perfeição, remetendo à ideia de divindade. As estrelas se moviam descrevendo um círculo perfeito. Os planetas constituíam um caso à parte e não por outra razão eram tidos, eles próprios, como divindades, capazes de superar as regras fixas dos astros ordinários.[19]

---

[19] O próprio nome "planeta" é indicativo de sua trajetória no céu, pois significa "astro errante".

O movimento natural dos objetos acima da Lua era, pois, uma das características do universo e era visível: não há noite em que não se veja o movimento das estrelas e dos planetas, não há dia em que não se veja o Sol sempre com a mesma velocidade e a mesma trajetória perfeitamente circular. Esse movimento eterno e invariável do quinto elemento influenciaria o movimento dos outros quatro elementos, embora ele aparecesse sem a mesma regularidade. Esse quinto elemento, ao contrário dos demais, era imaterial, e seu movimento, uniforme e eterno, seria revelador de outra característica exclusiva: em vez de ser movido, ele seria motor. Ele, na verdade, seria o motor capaz de explicar, direta ou indiretamente, todos os demais movimentos que ocorriam abaixo da Lua. Algumas coisas seriam movidas indiretamente por ele, ou seja, por motores que receberam movimento dele. Em outras palavras, o motor celeste provocava movimento nas coisas ou nos motores que as movimentavam diretamente, os quais seriam, eles também, móveis. Assim, não só as coisas do mundo, mas também seus motores, se moviam. O único motor imóvel seria o motor primeiro, que Aristóteles reconhecia ser a causa primeira de tudo, por isso mesmo identificada com a figura de Deus. A teologia seria a forma suprema da Filosofia, ao debruçar-se sobre o motor de todas as coisas, aquilo que pode explicar todos os movimentos, todas as mudanças de proporções dos elementos.

É interessante que a teologia de Aristóteles não é resultado de uma experiência mística; ao contrário, é uma decorrência lógica do exercício puro da razão. Se não fosse necessário evocar Deus para explicar o mundo, como concluiu séculos mais tarde Laplace (1749-1827), então a Física seria a Filosofia mais elevada, diria o sábio estagirita.

A metafísica aristotélica

Os livros de Aristóteles sobre Física foram agrupados, muito depois de sua morte, sob o nome "Metafísica", indicando uma certa forma de interpretá-los. Nossos sentidos poderiam nos ajudar a validar argumentos, por exemplo, ao observarmos um animal e descrevermos suas qualidades. No entanto, algumas coisas não poderiam ser vistas, e isso não nos impediria de, indo além da Física, tecer considerações sobre elas, o que constituiria, para os seguidores de Aristóteles, sua metafísica, ou a ciência das primeiras causas e princípios.

Na Física de Aristóteles, como vimos, os movimentos ganharam explicações e justificativas precisas e lógicas. Aliás, até a existência de Deus segue o mesmo caminho. Fenômenos que não podem ser observados são amparados igualmente por explicações meticulosas. A luz, por exemplo, encerrava outro dos grandes problemas que haveriam de ser enfrentados para alcançar visões modernas da Física. Empédocles argumentava que a luz se deslocava de um lado para outro, ou seja, que ela tinha uma velocidade. Aristóteles criticou duramente essa afirmação dizendo que ninguém era capaz de ver o deslocamento da luz, e que ela seria, portanto, "instantânea", ou, em outros termos, de velocidade infinita. Mais tarde, Galileu analisará essa questão inclusive nos mesmos contextos. A observação do relâmpago e do trovão permite perceber a propagação da luz em grandes distâncias, ao mesmo tempo que resta entender sua relação com o som. Nem mesmo Galileu conseguiu perceber algum atraso entre a emissão da luz do relâmpago e seu reflexo em montanhas distantes, embora, como veremos adiante, tenha planejado um experimento engenhoso.[20]

---

[20] V. FILONOVICH, S. R. *The Greatest Speed*. Moscou: MIR Publishers, 1986.

O motor primeiro não era revelado pelos sentidos, da mesma forma que o quinto elemento, mas era possível tornar sua existência viável, por coerência com outros fenômenos e coisas. Mas, por vezes, era necessário realizar ajustes. Por exemplo, a partir de determinada altitude, o ar não conseguiria avançar, estando acima dele, como vimos, o fogo. Acima do fogo teria início o chamado "mundo supralunar", preenchido apenas por éter, o quinto elemento cuja existência Aristóteles havia teorizado. No mundo sublunar ocorreriam fenômenos como a formação das nuvens, havendo uma limitação necessária entre a distribuição dos quatro elementos tradicionais e o quinto elemento. No entanto, havia dificuldades, por exemplo, na forma dos meteoritos ferrosos, ou seja, compostos do elemento terra, corpos que caíam do céu provocando incêndios, portanto compostos também do elemento fogo. Eles revelavam ser compostos simultaneamente de dois elementos presentes no mundo sublunar (terra e fogo). Ora, como corpo celeste, o meteoro deveria ser composto do elemento éter, e não de fogo e terra.

A saída, para Aristóteles, foi levantar a hipótese de que os meteoritos eram fenômenos sublunares, que se formariam de maneira semelhante às nuvens. Estas se formariam com a elevação do ar – como vimos, em sua tendência natural de movimento retilíneo ascendente – em combinação com a água, a qual tenderia a mover-se em direção à terra, o que explicava a chuva. Aristóteles conjecturou outra forma de elevação do ar, na ausência de água. Ao atingir o nível mais elevado, do fogo, haveria uma queima, e, caso elementos sólidos tivessem se elevado junto com o ar, da combustão resultariam os meteoritos e as estrelas cadentes. Caso a queima envolvesse apenas ar seco, se originariam os cometas. Esses fenômenos ocorreriam, portanto, todos no espaço sublunar.

Os fenômenos que envolviam o elemento terra, como vimos, naturalmente acabariam por se mover para baixo, para ocupar seu lugar natural. Os meteoritos e as estrelas cadentes tinham também uma explicação engenhosa para sua ocorrência, sempre no espaço sublunar. O espaço supralunar estava reservado para o mundo divino, com a perfeição do movimento circular, compondo eternamente um quadro perfeito e invariável. Os cometas e as "estrelas novas", os meteoritos e as estrelas cadentes não poderiam fazer parte desse quadro eterno e perfeito, tido como "incorruptível", mas a revolução científica logo perceberia a fragilidade dessa elaboração teórica, como veremos no próximo capítulo.

Todas essas explicações para os fenômenos do mundo, incluindo características observáveis e as imaginadas, compunham uma metafísica muito coerente, que estava, por sua vez, assentada em um complexo e elaborado estudo das causas. Além de estudar a causalidade dos fenômenos, Aristóteles desenvolveu ainda um método para criar conhecimento seguro, no qual era possível criar uma verdade desconhecida a partir de outras duas verdades conhecidas, o **silogismo** aristotélico. O estudo da causalidade e os silogismos dedutivos e indutivos fogem (infelizmente) ao escopo deste livro. Uma das causas aristotélicas é a causa final, a base do finalismo. De qualquer forma, cabe apenas dizer que o método silogístico será questionado por Francis Bacon, e as causas finais por René Descartes (1598-1650), outro grande pensador da revolução científica.

O enfraquecimento do sistema aristotélico

Mais importantes, para as finalidades deste livro, são alguns dos principais problemas que haveriam de ser enfrentados por aqueles que viveram o renascimento da razão e se depararam com novas possibilidades de pensar o mundo, ao mesmo tempo em que encontravam firmes obstáculos teóricos. Particularmente, a física de Aristóteles, com suas explicações sobre os movimentos, mostrava o que ocorria em um mundo imóvel, onde os quatro elementos – terra, água, ar e fogo – têm tendências naturais de se deslocar para cima ou para baixo.

A ideia de uma Terra imóvel era absolutamente necessária para Aristóteles, pois os movimentos dos astros eram circulares, portanto perfeitos, e eternos. Por serem assim, constituíam evidências da existência de uma divindade, uma necessidade básica em qualquer teologia. Quando a alta hierarquia católica declara, no Concílio de Trento, o tomismo aristotélico como doutrina oficial católica, a evidência concreta no mundo supralunar em constante movimento circular, perfeito e imutável, passa a ser um dos dogmas do catolicismo, justificando a relação entre razão e fé.[21]

Os pensadores da revolução científica, ao contrariar esse quadro teórico e dizer que a Terra girava, transformaram as estrelas e o Sol em astros fixos, sem movimento, em lugar de descreverem círculos perfeitos. De certa forma, questionavam um dogma que se tornara central no catolicismo, pois, ao questionar as evidências do poder divino, pareciam questionar a existência do próprio Deus. Além disso, a Terra passava a ter movimento circular, invertendo a localização da perfeição e da divindade, convertendo seus pecadores habitantes em seres perfeitos e

---

[21] O tomismo tem como um de seus fundamentos a certeza de que se pode confiar à razão a tarefa de demonstrar os preâmbulos da fé (*preambula fidei*), ou seja, o conjunto de verdades cuja demonstração é necessária para a própria fé, entre as quais se encontra, em primeiro lugar, a existência de Deus. O movimento perfeitamente circular do espaço supralunar e a perfeição dos seres vivos seriam justamente provas da existência de um ser superior. (Cf. ABBAGNANO. *Diccionario de filosofía*. Bogotá: Fondo de Cultura Econômica, 1997, p. 943 e 1143-1144).

divinos, o que a Inquisição entendia como pura heresia. Mas a rotação de nosso planeta não aniquilaria apenas o movimento circular dos objetos do mundo supralunar, tornando-os corpos etéreos imóveis e inertes, como também simplesmente acabaria com o movimento retilíneo dos quatro elementos do mundo sublunar. Sua causa desapareceria, eis que era o movimento do mundo supralunar que respondia pelo movimento dos quatro elementos do mundo sublunar. Além disso, suas trajetórias retas passariam a ser curvilíneas, pois uma gota de chuva, por exemplo, ao cair deixaria uma nuvem em movimento circular e não atingiria o solo imediatamente abaixo dela, mas o que teria estado pouco antes a leste. Ao jogar uma pedra para o alto, arremessando-a exatamente na perpendicular, veríamos sua queda a oeste do ponto de lançamento, devido ao movimento da Terra.

No século XIV, quando as artes militares começaram a incluir canhões de curto alcance nos navios de guerra, por exemplo, as trajetórias retilíneas ainda explicavam os tiros certeiros. Mas, com a artilharia de longo alcance, com obuses impulsionando petardos a maior distância, o estudo do movimento começou a ser crítico para o cálculo balístico. Segundo a física de Aristóteles, os projéteis subiriam em linha reta até que terminasse a influência da perturbação violenta da detonação da pólvora. Terminado o movimento forçado, teria início o movimento natural de queda em linha reta, perpendicularmente ao solo, descrevendo, assim, uma trajetória triangular. O triângulo retângulo seria a representação aristotélica do percurso do projétil, com o ângulo reto sinalizando o ponto de impacto junto ao solo.

Não é difícil imaginar que os generais dos primeiros batalhões de artilharia não estivessem nada contentes com a geometria aristotélica nos campos de batalha. A rotação do planeta acrescentava uma complicação nada desprezível a esse quadro. Segundo Aristóteles, inimigos a leste seriam mais difíceis de atingir, ao passo que os canhões deveriam alcançar alvos mais distantes se estes estivessem a oeste. Pelas leis aristotélicas de movimento, enquanto a bala de canhão estivesse viajando pelo ar, o alvo estaria se afastando (se localizado a leste) ou se aproximando (se a oeste), o que não era confirmado pelos artilheiros. De fato, um dos primeiros problemas práticos que Galileu enfrentou, como veremos, foi a trajetória balística, um problema militar que a poderosa República de Veneza tinha interesse em resolver antes dos otomanos.

Justamente na época que denominamos Renascimento, o Ocidente estava mudado. A concepção aristotélico-ptolomaica de universo conseguira suprir necessidades práticas, principalmente ligadas ao calendário, mas não dava conta de uma série de novas demandas, entre elas as da cinemática e da cartografia. O desenvolvimento da navegação precisava urgentemente de mapas mais precisos, o que era impossível sem uma nova astronomia, imprescindível para determinar com precisão as coordenadas geográficas. As artes militares e a engenharia, no novo contexto das manufaturas, traziam também demandas que a tradição escolástica era incapaz de satisfazer. Galileu Galilei iria enfrentar Aristóteles, desde sua matemática até sua astronomia, e toda a hierarquia católica se veria ameaçada com as novas ideias.

Capítulo 2

Um sistema de ideias destemido: Galileu Galilei e as novas ciências

Na noite do dia 26 de setembro de 1687, as tropas venezianas apontavam sua artilharia para a acrópole de Atenas, onde tinham se refugiado os combatentes otomanos em retirada. Eles haviam transformado o Partenon em um imenso paiol. Tal escolha, por um lado, garantiria o prolongamento da resistência turca, mas, por outro, o transformaria em alvo militar prioritário. Sob as ordens do comandante veneziano Francesco Morosini (1618-1694), um petardo certeiro fez explodir o depósito de munições, levando aos ares todo o teto daquele templo, quase intacto por inacreditáveis 2 mil anos. Naquele momento era destruída não apenas a cimeira de um dos maiores patrimônios culturais e artísticos da humanidade, como também o que restara dos alicerces da física aristotélica. O cálculo do tiro não seguira em nada os ensinamentos do antigo mestre estagirita, que tanto conhecia aquele templo, mas sim os do físico toscano que desafiara o dogmatismo das trajetórias retilíneas do mundo sublunar e revelara, experimentalmente, a trajetória parabólica dos petardos dos obuses que garantiam o domínio das rotas comerciais da Sereníssima República de Veneza.

Pisa havia se tornado uma *Repubblica Marinara* ("República do Mar"), uma cidade de muito destaque no cenário italiano entre o século XI e o início do século XV, pois, além de uma frota mercantil e de guerra, cunhava moeda própria e mantinha um corpo consular encarregado dos negócios transmarinos. Seus monumentos arquitetônicos em mármore branco até hoje atestam a riqueza acumulada pelo comércio, que dominava boa parte do Mediterrâneo ocidental. Em 1406, acabou sendo conquistada pelos florentinos, de modo que, quando Galileu Galilei ali nasceu, em 15 de fevereiro de 1564, ela era governada pelo Grão-Ducado de Florença.[22] Galileu era filho de um membro da nobreza, ainda que decadente, lutando para manter financeiramente o padrão de vida da família. Vincenzo Galilei dividia o tempo entre a música, sua paixão, e o comércio de lã, seu ganha-pão.

Em 1574, a família Galilei se mudou para Florença e mandou o garoto de 10 anos para estudos em um seminário. Em 1581, com razoáveis posses, o pai conseguiu matricular o filho Galileu, com 17 anos e reconhecidamente muito inteligente, na Universidade de Pisa. O jovem Galileu passou quatro anos na faculdade, mas não concluiu nenhum curso, e começou a se dedicar ao estudo da Matemática, lendo a geometria de Euclides com a ajuda do matemático Ostilio Ricci (1540-1603), discípulo de Niccolò Fontana (1500-1557), conhecido como Tartaglia. Mas Galileu retornou definitivamente para a casa paterna em Florença e começou a trabalhar como professor particular de Matemática em 1585, em sua cidade e perto dali, em Siena, encargo que ele manteve até conseguir uma colocação que lhe garantisse uma boa renda, em 1610.[23] Iniciou o estudo de Arquimedes, se dedicou a problemas de física e, ao mesmo tempo, realizou contatos em Roma. Em 1587, Galileu conseguiu ser recebido pelo astrônomo e matemático mais importante do Vaticano, o padre jesuíta alemão Christophorus Clavius

---

[22] Florença constituía uma república quando adquiriu os direitos sobre Pisa, pagando pesada soma aos milaneses, que a haviam conquistado. No século seguinte, a República Florentina foi derrotada por uma aliança entre o rei da França e o papa Clemente VII (que pertencia à família Médici), que instituiu um ducado, o qual manteve contudo órgãos republicanos, como um Senado e uma Câmara, mas enriqueceu a cidade com ares principescos, incentivando as artes.

[23] V. BOIDO, G. *Noticias del Planeta Tierra*: Galileu Galilei y la revolución científica. Buenos Aires: A. Z., 1996, em especial o cap. 3 ("Años de cátedra en Pisa y Padua"), p. 81.

(1537-1612), destacada autoridade do *Collegio Romano*. Ele era conhecido como "o Euclides do século XVI" e tinha estado à frente da reforma do calendário, colocada em prática em 1582, iniciando o calendário gregoriano[24]. Esse contato estabeleceu uma relação que duraria muitos anos, na forma de troca de cartas nas quais eram discutidos problemas teóricos.

O jovem professor universitário

Galileu buscou emprego em diversas universidades, sem sucesso, até ser aceito na Universidade de Pisa, em 1589, com o salário de 160 escudos por ano. Algumas de suas notas de aulas sobreviveram e demonstram que ele incorporava a visão de Arquimedes sobre movimento em queda livre, que afirmava ser proporcional à densidade dos objetos, e não ao peso como defendia Aristóteles. Em 1591, seu pai faleceu e ele, filho mais velho, passou a ser o arrimo da família, assumindo a responsabilidade de honrar o pagamento de pesado dote de casamento de sua irmã Virgínia, acertado por seu pai pouco antes de sua morte. Ele mesmo acabou acertando um dote muito maior para sua outra irmã, Lívia, dez anos depois, o que o colocou em sérios problemas financeiros.

A Torre de Pisa é sugestiva do tipo de experimento que Galileu dizia ter realizado ali. De fato, seu primeiro biógrafo e aluno, Vincenzo Viviani, escreveu que

---

[24] A determinação da data da Páscoa é uma questão crucial para o cristianismo, pois desde o Concílio de Niceia (325 d.C.) a Igreja decidira não adotar o método de cálculo da Páscoa judaica, definida pelo calendário lunar. A falta de coincidência entre o calendário civil e o ano solar vinha distanciando a data da Páscoa católica, no primeiro domingo de lua cheia que sucede o equinócio de primavera, fixado em Niceia em 21 de março (primavera boreal eclesiástica). Assim, foi necessário subtrair dez dias do ano de 1582, e diminuir o número de anos bissextos futuros, para evitar que a data se distanciasse novamente do final de março. Como a reforma foi promulgada pelo papa Gregório XIII, o calendário passou a ser chamado gregoriano. No entanto, até hoje as datas da Páscoa não foram unificadas entre todas as denominações cristãs, algumas das quais não aceitam a primavera eclesiástica e as mudanças introduzidas pelo papa em 1582.

as experiências de queda dos corpos foram efetivamente realizadas, inclusive diante da congregação da universidade. O que é possível afirmar, com relativa segurança, é o fato de que, em Pisa, Galileu admitia que objetos de peso diferente poderiam ter queda simultânea se tivessem a mesma densidade, seguindo as conclusões de Arquimedes, que ele tanto admirava.

Um dos questionamentos de Galileu se referia à descrição dos movimentos descendentes dos objetos constituídos do elemento terra. Quanto maior a quantidade desse elemento, maior a tendência de se deslocar para baixo. Isso explicava, para Aristóteles, a razão de uma folha, ao cair, ter uma velocidade tão menor do que a de uma pedra. E, se esta fosse pequena, por sua vez, se deslocaria com menor velocidade do que uma pedra de tamanho maior.

Em uma passagem reveladora das conclusões amadurecidas de Galileu sobre queda dos corpos, este escreveu, anos depois de deixar Pisa:

> Aristóteles disse: uma bola de cem libras, que caia de uma altura de cem braças, chega ao solo antes que outra de uma libra tenha podido percorrer uma única braça. Eu digo, sem dúvida, que chegam ao mesmo tempo. Se a experiência for realizada, será observado que a bola maior chega com apenas dois dedos de vantagem sobre a menor, isto é, que quando a maior chega ao solo a menor está a dois dedos de distância. Por tanto, pode-se pretender tomar por iguais esses dois dedos e as noventa e nove braças de Aristóteles e, dessa forma, falando apenas de um pequeno erro, dissimular com o silêncio o erro enorme que ele cometeu?[25]

---

[25] GALILEI, G. Discorsi e dimostrazioni matematiche intorno a due nuove scienze (1638), *apud* BOIDO, G. *Noticias del planeta Tierra*. Buenos Aires: A. Z., 1996, p. 85.

Galileu já conseguira demonstrar como esse conjunto de afirmações não era coerente, e conduzia à sua própria negação. Ora, dizia ele, se uma pedra pequena for amarrada a uma pedra grande, a pedra grande terá seu movimento retardado pela pedra pequena. Mas, juntas, elas terão muito mais elemento terra, ou seja, elas deveriam, ao contrário, se deslocar mais rapidamente. A inconsistência teórica era evidente, pois a previsão aristotélica indicava que as pedras amarradas deveriam ter seu movimento retardado e, ao mesmo tempo, acelerado. Esse "experimento teórico", como passou a ser chamado, certamente enervava os professores universitários que por anos a fio vinham ensinando aquelas previsões como absolutamente verdadeiras e incontestáveis. Em outras palavras, ele já discordava abertamente de Aristóteles no início de sua carreira de professor universitário. Isso indica a razão de Galileu se indispor com seus colegas professores em Pisa, ainda mais se for levado em consideração que ele era bastante jovem e sequer possuía um título acadêmico.

Essa maneira de questionar Aristóteles era desconcertante, e causava surpresa que tantos sábios tivessem se debruçado sobre os originais do sábio estagirita por mais de mil anos sem perceber-lhe inconsistências tão óbvias. Foi nessa época que Galileu teria lançado dois objetos de pesos diferentes da Torre de Pisa na presença de toda a congregação da universidade. O evento não tem registro histórico confiável, mas certamente esse experimento passou a ser feito em diferentes lugares, e tem um efeito ainda hoje deslumbrante.

Uma versão simples e elegante dele, que talvez faça Aristóteles remoer-se no túmulo até hoje, nos leva a utilizar uma simples folha de caderno, que tem uma queda livre muito lenta, e o caderno do qual provém, que tem velocidade de queda reconhecidamente maior. Ao colocarmos a folha sobre o caderno, sem nenhum tipo de adesão, o conjunto cai com a velocidade do caderno, sem que a folha se desprenda e mantenha sua queda retardada. Outra versão, muito mais impressionante, mostra um astronauta na superfície da Lua fazendo o experimento que certamente levaria Aristóteles à loucura, ao deixar cair um martelo e uma pluma. Os dois objetos caem rigorosamente no mesmo tempo![26]

No fim de 1591, Galileu conseguiu uma posição como professor de Matemática na prestigiosa universidade da cidade de Pádua, que, àquela época, estava sob controle de uma verdadeira "república do mar", a República de Veneza, que estendia seu domínio por toda a região vêneta, até Verona e o lago de Garda, com colônias em várias partes do Adriático e no mar Egeu. Nessa universidade, de longa tradição de liberdade, Galileu trabalhou por dezoito anos, considerados por ele como os melhores de sua vida. O salário era muito maior do que o de Pisa, e os alunos particulares, sempre membros da nobreza, ajudavam-no a completar o orçamento da família.

Em Veneza, uma cidade que vive sob o jugo do nível do mar, Galileu desenvolveu uma explicação para as marés. Embora sua teoria seja engenhosa, explicava apenas parcialmente o fenômeno e demonstrou estar errada. De qualquer forma, uma teoria para as marés em Veneza estava fadada, qualquer que fosse, a ser mais do que bem recebida. No entanto, o mesmo não se poderia dizer de sua base teórica, pois utilizava as ideias de Copérnico, apresentando as marés como consequência da combinação dos movimentos da Terra, de rotação em torno de si, e de translação, em torno do Sol. Assim, a maioria dos historiadores

---

[26] Trata-se da missão Apollo 15, na qual o comandante David Scott realizou o experimento que teria fascinado Galileu. Vídeo disponível em: http://www.youtube.com/watch?v=5C5_dOEyAfk. Acesso em: 19 fev. 2012.

concorda que, pelo menos a partir de 1595, Galileu já se convertera ao heliocentrismo de Copérnico.

Veneza, à época centro do poder político e militar da região, está localizada a apenas 38 quilômetros de distância de Pádua, onde morava e trabalhava Galileu. Ele passou a frequentar a cidade, em especial o Arsenal, as docas militares onde se construíam e reparavam os navios de guerra. Além de estabelecer contatos com a nobreza local, seu coração encontra o de uma veneziana tida como muito bonita, Marina di Andrea Gamba (1570-1612), de quem pouco se sabe, além de ser de família de poucas posses. Eles parecem ter se conhecido em 1599, e se encontravam aos finais de semana em Veneza. Quando ela engravidou, Galileu trouxe-a para morar em Pádua, mas não sob o mesmo teto. Viviam próximos, mas em casas separadas[27]. Do relacionamento nasceram três filhos, que ganhariam nomes de parentes próximos de Galileu, que assim estabelecia um vínculo simbólico das crianças com a família Galilei. Virgínia nasceu em 1600, provavelmente a primeira criança a ter uma aula de astronomia com uma luneta. Um ano depois nasceria Lívia e, finalmente, cinco anos depois, Vincenzo. A relação durou pouco mais de doze anos e, após seu final, Marina se casaria logo depois, mantendo boas relações com o ex--companheiro, o qual ficou junto aos filhos e nunca se casou. Aliás, consta que o próprio Galileu conseguiu um emprego para o novo marido de Marina, Giovanni Bartoluzzi, que, em agradecimento, mandava discos de vidro de alta qualidade das prestigiosas vidrarias da ilha de Murano, em Veneza, para a nova casa de Galileu, em Florença, para a confecção

---

[27] Galileu vivia no Borgo dei Vignali, agora renomeada Via Galileo Galilei, a uma quadra da Basílica de Santo Antônio, e Marina, numa casa na Via S. Francesco, ao lado do Pontecorvo, a pouco mais de 300 m. V. Sobel, D. *Galileu's Daughter*. Nova York: Penguin Books, 2000, p. 23.

de lentes para suas lunetas. Marina morreria pouco depois, em 1612, aos 42 anos.[28]

Como professor, Galileu complementava seu salário alugando quartos para seus alunos estrangeiros; nas férias, retornava à Toscana, indo a Florença e a Siena, onde mantinha alunos particulares, em geral filhos da nobreza, como professor de Matemática. Ganhava um bom dinheiro também fazendo horóscopos e mapas astrais para as famílias abastadas. Afinal, ele ensinava Astronomia no curso de Medicina em Pádua, e ninguém duvidava da influência dos astros na saúde das pessoas[29]. Ele também tinha vocação empreendedora, tendo projetado uma bomba hidráulica, para grandes aplicações (era movida por cavalos), e uma régua de cálculo, que era vendida ao preço de 5 florins. Tratava-se de um aparelho de cálculo portátil, que foi patenteado em 1597 e oferecido aos militares venezianos, mas logo se tornou um aparato popular entre os estudantes.

Embora as primeiras réguas de cálculo tivessem sido construídas pelo próprio Galileu, a crescente demanda o fez contratar um artesão para produzi-las em tempo integral. Ele tinha dedicado o instrumento ao jovem soberano de Florença, na esperança de ganhar a simpatia do nobre governante e, talvez, um convite de trabalho para retornar para sua amada Toscana, o que de fato ocorreria apenas no segundo semestre de 1610.

Em Pádua, Galileu se dedicou com afinco ao estudo da Mecânica, suas consequências balísticas e de engenharia civil. Escreveu sobre arquitetura e fortifi-

---

[28] (*ibidem*, p. 38). Essa versão foi recentemente questionada, alegando-se que Marina Bartoluzzi seria outra pessoa, confundida com Marina Gamba (cf. "Marina Gamba", Museo Galileo online, disponível em http://brunelleschi.imss.fi.it/itineraries/biography/marinagamba.html. Acesso em: 19 fev. 2012.

[29] Na Idade Média o termo *"influentia"* era utilizado para explicar diversos sintomas atribuídos à influência dos astros, mas o termo italiano *"influenza"*, referindo-se à gripe, se popularizou depois da epidemia de 1743, contagiando inclusive a língua. As línguas holandesa, húngara e inglesa adotaram o termo, nesta última por vezes abreviado para *"flu"*.

cações militares em 1594, diante de evidentes problemas práticos com o desenvolvimento da artilharia. Se uma bala de canhão apontado para o alto alcançasse a base de uma fortificação, deveria também atingir sua mais alta torre, segundo as leis de movimento de Aristóteles. Como o filósofo estagirita dissera que era impossível a combinação de dois movimentos, o "natural", de queda vertical, só poderia ser iniciado após o fim do movimento forçado, provocado pela detonação da pólvora do canhão, compondo uma trajetória triangular. Mas isso, de fato, não ocorria. O tiro que atingia a amurada de uma fortificação era incapaz de alcançar seu ponto mais alto.

Um matemático em Pádua

Ao final de 1604, Galileu se debruçou sobre um problema astronômico muito importante, ao procurar explicar uma supernova[30] na constelação de Serpentário (Ophiucus), próxima da constelação de Escorpião. Tratava-se de uma estrela nova, de grande brilho, comparável ao de Júpiter, repentinamente brilhando no céu em outubro de 1604, sem registro anterior. Como ela estava próxima da conjunção de Júpiter e Saturno, que ficaram naquela constelação desde junho de 1603 até o início de junho de 1605, causou grande sensação pelo significado astrológico que lhe era conferido. A localização precisa da altura dessa nova estrela era crucial, pois, segundo Aristóteles, as mudanças só poderiam ocorrer no espaço sublunar, ou seja, próximo das nuvens. Aquela luz deveria provir de um fenômeno ocorrendo a pequena

---

[30] À época, tal fenômeno era simplesmente denominado "astro novo" (*novum sidus*) ou "estrela nova" (*nova stella*), mesmo pelos aristotélicos. Desde 1934 o fenômeno é denominado "supernova", designando uma explosão estelar. Até o início do século XXI, não houve ocorrência de outra supernova visível a olho nu depois das de 1572 e 1604.

distância da superfície da Terra, na altura ocupada pelo elemento fogo, ou seja, muito abaixo da suposta esfera onde a Lua estaria fixada.

Galileu sabia que era simples determinar se aquela luz provinha de um objeto relativamente próximo, ou tão distante quanto qualquer outra estrela. Imagine que você esteja olhando o céu pela janela de sua casa e, repentinamente, aviste uma luz distante, semelhante ao brilho de Vênus ou Júpiter, e bem próxima, em seu ângulo de visão, das chamadas Três Marias. Pode-se pensar ter descoberto uma supernova, mas pode ser também uma aeronave a alguns poucos quilômetros de distância vindo em sua direção, mantendo-se visualmente próxima de algumas estrelas fixas. Para decidir de pronto se se trata de um avião ou de uma supernova, basta a ajuda de um telefonema a uma pessoa que more em outro lugar. Se ela estiver, digamos, a 100 km de distância e lhe disser que não vê nenhum brilho próximo das Três Marias, então você deve estar vendo um avião ou um helicóptero distante poucos quilômetros, se aproximando em sua direção com uma forte luz acesa. Se, ao contrário, o amigo enxergar as Três Marias e o objeto brilhante, ele certamente está muito distante, talvez tanto quanto alguma daquelas três conhecidas estrelas.

Este método é o chamado "cálculo da paralaxe estelar" e já tinha sido utilizado por um conhecido astrônomo dinamarquês que trabalhava em Praga, Tycho Brahe (1546-1601), a maior figura da astronomia entre Copérnico e Galileu. Ele procurou medir com grande precisão a paralaxe de uma supernova anterior, surgida em 1572[31], na constelação de Cassiopeia, mas sem conseguir perceber nenhuma diferença na sua distância das estrelas fixas. As medidas se justificavam porque, no espaço supralunar aristo-

---

[31] V. KRAUSE, Oliver *et al*. Tycho Brahe's 1572 supernova as a standard type Ia as revealed by its light-echo spectrum. *Nature*, 2008, 456 (7222): 617-619.

télico-ptolomaico, cada um dos planetas estaria preso a uma esfera própria, e as estrelas fixas estariam todas juntas na mesma esfera, acima da de Saturno. Tycho Brahe apresentara uma visão do universo que contrastava tanto com a de Ptolomeu quanto com a de Aristóteles, e usou seus resultados para refutar a ideia de que as alterações do céu só poderiam ocorrer na atmosfera. Com suas medições, ele tinha provas de que a supernova não estava sequer ligada a nenhuma das esferas planetárias, e certamente estaria muito distante da Terra. No entanto, ele não a colocara na esfera aristotélico-ptolomaica das estrelas fixas, argumentando que, como ela se esvaíra, não poderia ser formada da mesma matéria das estrelas fixas. Ela não seria composta da quintessência de Aristóteles, o éter.

Johannes Kepler (1571-1630), matemático do imperador Rodolfo II, da casa dos Habsburgos, trabalhara com Brahe e, com sua morte súbita, herdara seus instrumentos e anotações. Quando recebeu a informação de que havia uma nova sensação nos céus[32], uma estrela "avermelhada e mais brilhante do que Júpiter", tratou de repetir as observações com os mesmos métodos, localizando-a com precisão (figura 11). A descoberta fora feita por um alto funcionário do império, em 10 de outubro de 1604, e comunicada a Kepler. No dia 17 de outubro, ele próprio conseguiu avistá-la, iniciando observações e medições precisas de suas distâncias aparentes de Júpiter, Saturno, Marte e das estrelas fixas. Assim como Brahe, não conseguiu verificar nenhuma alteração na distância aparente relativa a essas últimas, apenas em relação aos planetas.

---

[32] GREEN, D. W. E. A new look at the position of the 1604 Supernova (V843 Ophiuchi). *Astronomische Nachrichten*, 2005, 326 (2): 101-111.

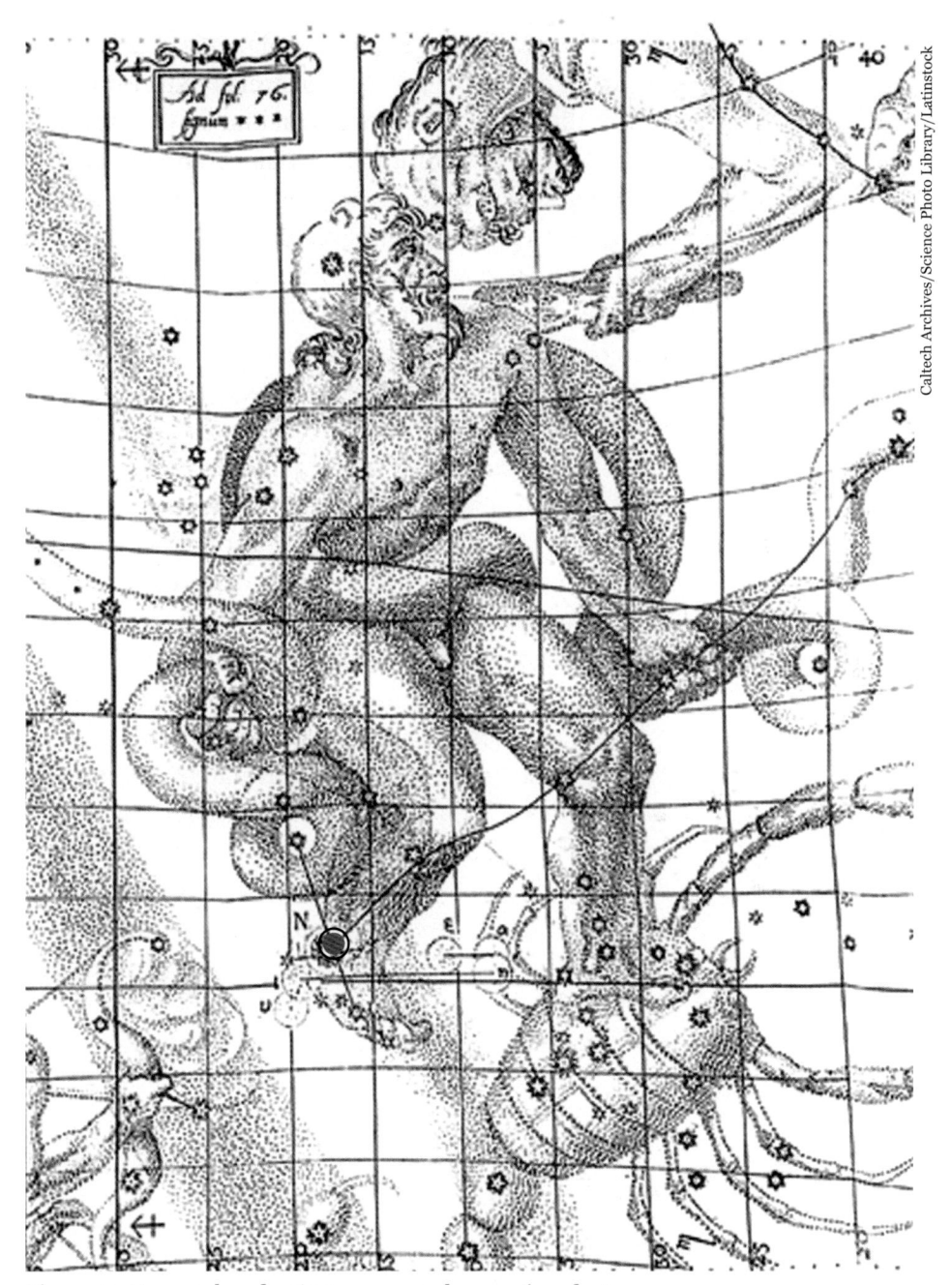

Figura 11. Em outubro de 1604, uma estrela nova (em destaque, próximo à letra N, logo abaixo do centro da figura) apareceu na constelação do Serpentário, entre as constelações de Sagitário (esq.) e Escorpião (dir.), e depois desapareceu.

Como sensação do momento, a supernova permaneceu visível por dezoito meses, embora com brilho decrescente, e foi observada atentamente por diversos astrônomos em Praga, Verona, Pádua e Roma, percebendo-se mudança de distância em relação aos três planetas próximos.[33] Assim ficava claro que, contrariando o que dissera Aristóteles, ocorriam perturbações na esfera das estrelas fixas, com movimento circular perfeito e eterno. O teólogo franciscano e astrônomo Ilario Altobelli (1560-1637), amigo de Galileu, era reitor em Verona. Em carta de novembro daquele ano escreveu ter visto, a partir de 9 de outubro, um novo "monstro no céu" que haveria de "deixar loucos" os "semifilósofos" aristotélicos, pois ele carecia de "movimento e paralaxe" em relação às estrelas fixas, mas, como permitia "experiência manifesta", teria feito o próprio Aristóteles mudar de ideia.[34]

Até esse momento, Galileu não era um astrônomo de destaque. No *Collegio Romano* estavam o matemático e astrônomo Clavius, o "novo Euclides", Marius[35] e seu estudante milanês, Baldassare Capra (1580-1626), que realizaram observações desde a aparição da supernova, em outubro. Galileu só realizou medições mais tarde, e três aulas sobre o tema logo se seguiram, mas seu conteúdo exato não é conhecido[36]. Pelas reações a elas pode-se inferir do que

---

[33] Escreveu Kepler: "*Die 10 Octobris Joannes Brunowsky vidit Novum Sidum prope Jovem, rubicundius et clarius Jove. Paucis ante diebus non visum*". ("No dia 10 de outubro, Johannes Brunowsky observou uma nova estrela próxima a Júpiter, avermelhada e mais brilhante do que Júpiter. Ela não tinha sido vista anteriormente."), apud BIALAS, V. Kepler as Astronomical Observer in Prague, p. 128-36. In: Christianson, J. R. et al. *Tycho Brahe and Prague*: Crossroads of European science: proceedings of the International Symposium on the History of Science in the Rudolphine Period. Praga, outubro 2001, 22-25.

[34] BELLONE, E. *Galilei e l'abisso*. Torino: Codice edizioni, 2009, p. 6-7.

[35] Simon Marius (1570-1624) estudou astronomia com Tycho Brahe e Kepler e cursou medicina na Universidade de Pádua entre 1601 e 1604. Depois retornou para a Alemanha, tornando-se astrônomo da corte do margrave de Brandenburgo. (cf. MOURÃO, R. R. F. *Dicionário de astronomia e astronáutica*. 2 ed. Rio de Janeiro: Nova Fronteira, 1995, p. 511.)

[36] As aulas eram conferências baseadas em um texto que era publicado em seguida. Galileu não seguiu essa norma nesse caso.

falara, uma vez que aparece a defesa das esferas ptolomaico-aristotélicas em um texto escrito, direta ou indiretamente, por um docente de Filosofia na mesma Universidade de Pádua, e noutro assinado pelo jovem Capra, em que atacou as conclusões de Galileu. O professor toscano fez desse episódio um prenúncio do que seria o restante de sua vida como cientista, sempre utilizando a ironia destilada para abater impiedosamente as ideias de opositores poderosos, recebendo de volta uma reação de força equivalente.

Palavras como navalhas: criando inimigos

Os aristotélicos não formavam um bloco monolítico e muitos deles tiveram problemas com a Inquisição, pois defendiam uma visão distinta da versão oficial católica, por exemplo, voltando à ideia original de um universo eterno e de um Deus não providencial. Um desses filósofos era colega e amigo de Galileu e, mesmo se discordasse dele, era aliado em diversos momentos, por exemplo, na oposição à criação de uma "contrauniversidade" que os jesuítas queriam instituir em Pádua, no início de 1600. Esse filósofo, Cesare Cremonini (1550-1631), conhecido como *Aristoteles redivivus*, já com problemas com a Igreja em 1604[37], teria inspirado (ou ajudado) um aluno a escrever e publicar um livreto contra as conclusões de Galileu[38] sobre a nova estrela, defendendo o sistema ptolomaico-aristotélico. No entanto, o nome de Galileu não era mencionado em nenhum momento do texto, mas ficava claro que as conclusões antiaristotélicas só poderiam ser atribuídas a ele.

---

[37] Cf. SCHMITT, C. B. Cesare Cremonini. *Dizionario Biografico degli Italiani*. Disponível em: http://www.treccani.it/enciclopedia/cesare-cremonini_(Dizionario-Biografico)/
[38] "Discorso intorno alla nuova stella, di Antonio Lorenzini da Montepulciano." Padova: Pietro Paolo Tozzi, 1605. Original disponível em: http://fermi.imss.fi.it/rd/bdv?/bdviewer/bid=000000404212. Acesso em: 2 fev. 2012.

O jovem Baldassare Capra, por sua vez, publicaria outro livreto[39], criticando frontalmente Galileu, citando-o nominalmente várias vezes. Este não teria sido sequer capaz de observar a estrela no céu e teria "belamente confundido" a data de sua aparição no céu nas suas aulas (que eram públicas). Capra diz que esse tipo de descuido é típico de matemáticos que nada sabem de observação astronômica e que ele próprio, como astrônomo[40], teria realizado observações "todos os dias"[41], sendo capaz de confirmar com precisão não apenas a localização, mas também a data da aparição, na companhia de seu "caríssimo professor, Sr. Simon Mario Alemano". Os dois, em companhia de uma terceira pessoa, teriam presenciado a estrela no dia 10 de outubro.[42] Ele defendia as ideias de Tycho Brahe expressas em 1572, de que o brilho de tal estrela era resultado do que restara de um eclipse solar. O texto técnico é escrito em latim, com desenhos geométricos de acordo com o sistema de Brahe. Mas, nos seus "juízos", dizia ser a aparição um bom prenúncio para a Igreja Católica, pois os dois fenômenos tinham ocorrido em intervalo de tempo correspondente à idade de Cristo![43]

A posição de Galileu poderia ser sintetizada em dois pontos de vista. O primeiro era o de que a dis-

---

[39] CAPRA, B. Consideratione astronomica circa la nova, et portentosa stella che nell'anno 1604 a dì 10 ottobre apparse, con un breve giudicio delli suoi significati. Pádua: Lorenzo Pasquati, 1605. Original disponível em: http://fermi.imss.fi.it/rd/bdv?/bdviewer/bid=367673#. Acesso em: 11 nov. 2011.

[40] À época, utilizava-se o termo "astrólogo" tanto para o que hoje se mantém ligado ao lado místico, como para aquele que hoje denominamos "astrônomo".

[41] Galileu ficou irado com Capra, dizendo que um jovem pedante, em vez de ter escrito que suas observações ocorreram "todos os dias" (p. 6), melhor teria feito se tivesse escrito "todas as noites". Ele preferiu não se manifestar sobre o episódio a não ser mais adiante, em 1607.

[42] No dia 8 Capra teria realizado uma observação, sem avistamento da estrela nova, e o dia 9 tinha sido nublado em Pádua, impossibilitando a observação. Ele teria comunicado a descoberta a Galileu, inclusive descrevendo sua localização (na longitude de 18º de Sagitário e 2º de latitude boreal). Galileu teria proferido sua aula com localização diversa, e a "confusão" da data da descoberta é uma crítica ao fato de ele não ter atribuído a descoberta da estrela ao jovem Capra.

[43] O próprio título do livreto já trazia a crítica a Galileu, pois indicava a data de aparição como sendo 10 de outubro, o que provavelmente contrariava o que fora dito em suas aulas.

cussão sobre a localização da nova estrela deveria ser resolvida com base em observações e mensurações astronômicas e não embasada em argumentos metafísicos. O segundo ponto dizia ser ridículo pretender atrelar a discussão da natureza da estrela à sua composição. Aqui havia uma clara recusa de se submeter à opinião de Brahe sobre a quintessência na formação das estrelas fixas e não na das estrelas novas.[44] Isso teria sido discutido em suas conferências, mas não divulgado de maneira impressa, o que de fato ocorrera apenas com as contestações a essas ideias.

Assim, era de se esperar por uma resposta de Galileu, a qual, contudo, apareceu na forma mais inusitada possível. Era necessário endereçar a investida mais forte, e mais sofisticada, que teria sido ardilosamente preparada, à pessoa de Lorenzini, um aristotélico ligado a Cremonini. Não valia a pena perder tempo com o jovem Capra, de 24 anos, claramente assumindo posições que não eram suas. Galileu decidiu não responder a este último, centrando seu poder de fogo nos aristotélicos. Assim, em março de 1605, publicaria sua resposta sob o título *Dialogo de Cecco di Ronchitti da Bruzene*. O inusitado era a língua na qual fora escrito, em dialeto padovano, na forma de um diálogo entre dois homens simples do campo, Matteo e Natale, que discutem as ideias de um "filósofo" e de um "matemático" sobre a grande novidade do céu.[45] O opúsculo era dedicado a "*Antuogno Sguerengo*"[46], ninguém menos que o bispo de Pádua, Antonio Querenghi (1546-1633). Tratava-se, na verdade, de uma denúncia velada a indicar que, por trás

---

[44] Cf. PERUZZI, G. Astronomia. Disponível em: http://www.scienze.unipd.it/storiascienza/Galileiana/Lectio2_Astronomia.pdf. Acesso em: 19 fev. 2012.
[45] Os especialistas dizem que o dialeto utilizado é tão castiço que Galileu não poderia ter escrito sozinho; de fato, acredita-se que ele tenha apenas acompanhado sua escrita; a real autoria teria sido de um monge beneditino, nascido em Pádua, D. Girolamo Spinelli (c. 1580-1647), que era aluno de Galileu à época e que se envolveu diretamente na discussão com Capra.
[46] "Ilustre e reverendo patrão, o senhor Antuogno Sguerengo".

do jovem que tomara a defesa do aristotelismo, a resposta estava sendo articulada pela Igreja Católica[47].

O diálogo se inicia com os dois camponeses, cansados depois de uma jornada de trabalho, se queixando de falta de chuva, que Natale associa à nova estrela. Matteo se pergunta como é possível que uma estrela tão distante possa influenciar a chuva, e Natale diz que leu em um "livreco"[48] que a estrela está queimando muito próxima ao chão. Na linguagem simplória de dois camponeses, Matteo pergunta se o autor é agrimensor, e ouve como resposta que ele é um "filósofo, doutor de Pádua". Ele então reage com um provérbio popular paduano, que ainda hoje causa risadas, pois pergunta como é possível que um sapateiro se ponha a falar de fivelas de metal[49]. Matteo conclui que uma resposta só poderia provir de um matemático, acostumado a fazer medidas no mundo real, pois ele não se limitaria ao mundo dos livros como os filósofos.

O diálogo revela o ponto fulcral do pensamento de Galileu: não se pode avançar o conhecimento voltando-se apenas para o que foi escrito no passado, defendendo ideias com o princípio da autoridade. Em vez disso, é preciso ir além dos livros, observar o mundo real, experimentar, colocar as próprias ideias em testes que possam inclusive refutá-las, obrigando-nos a mudar nossa forma de pensar. Essa tese será retomada com muita força em 1632, em seu livro *Dialogo sopra i due massimi sistemi del mondo*, que lhe valerá a condenação pelo Santo Ofício.

O livreto tem um tom de ironia e demonstra como até mesmo um camponês pode, com raciocínios simples, desafiar a erudição e, sobretudo, a autoridade dos

---

[47] MOTTA, U. *Antonio Querenghi (1546-1633), um letterato padovano nella Roma del tardo Rinascimento*. Milão: Vita e Pensiero, 1997, p. 173.
[48] O termo original, em dialeto paduano, tem conotação negativa.
[49] No sentido de que um pobre artesão que só sabe consertar sapatos e furar cintos não pode se meter a falar de metalurgia, um assunto do qual nada sabe. Na versão do italiano: "Non sai che un ciabattino non può ragionare di fibbie?"

doutores. Mas ele avança a linha da prudência com o mais destilado sarcasmo, ridicularizando as ideias aristotélicas. Natale diz que a nova estrela não poderia estar no céu, pois lá só existe o "quinto elemento", também chamado "quintessência". E passa a discutir com Matteo se essa "essência" é algum tipo de... polenta! Ao final, concluem que é bom que o tal "livreco" seja todo vendido até a Páscoa (que seria em abril), caso contrário eles temem que suas páginas passem a ser usadas para fins mais úteis... O livreto com o diálogo sarcástico passou por uma reimpressão no mesmo ano, indicando grande procura, o que provavelmente inspirou reações mais iradas do que seria de se esperar. O tempo só fez piorar a polêmica de Galileu com Marius e Capra[50]. Com Cremonini, as relações se mantiveram cordiais, mas Galileu trocou cartas ríspidas com ele entre 1616 e 1620, pedindo a devolução de um empréstimo[51].

A luneta de Galileu[52]

Em 1609, Galileu teve notícia de um aparelho composto por duas lentes capaz de aumentar o poder de visão. Não se sabe se obteve um exemplar físico, ou apenas uma descrição dele, mas eles já estavam à venda em Paris desde o ano anterior. De concreto, sabe-se que

---

[50] Em 1606, Galileu publicou um pequeno livro dando publicidade de sua régua de cálculo [*Le operazioni del compasso geometrico et militare* (Padova, 1606)]. Em seguida, Capra publicou uma versão em latim [*Usus et fabrica circini cuiusdam proportionis, per quem omnia fere tum Euclidis, tum mathematicorum omnium problemata facile negotio resolvitur* (Padova, 1607)], atribuindo-se a autoria do texto e do próprio aparelho. Galileu o processou, junto com o pai, o conde Capra, desafiando o jovem a fazer uso da régua perante um juiz, o que ele se recusou a fazer. Acabou condenado e arruinado perante a Universidade de Pádua e também na de Milão, onde tentou ingressar posteriormente, sem sucesso. O *imbroglio* teria sido impossível sem a participação oculta de Marius. Este, segundo Galileu, teria "fugido" para a Alemanha a fim de evitar o castigo, que recaiu apenas sobre seu pobre pupilo. Marius intitulou-se descobridor dos satélites de Júpiter, que denominou *Sidera Brandenburgica*. (V. GALILEI, G. *O ensaiador*, São Paulo: Nova Cultural, 2000, p. 24-26, e MOURÃO, R. R. F. *Dicionário de astronomia e astronáutica*. 2 ed. Rio de Janeiro: Nova Fronteira, 1995, p. 511).

[51] Cf. http://www.treccani.it/enciclopedia/cesare-cremonini_(Dizionario-Biografico)/

[52] Neste texto, utiliza-se o termo "luneta" para designar os aparelhos referidos e utilizados por Galileu, embora não tivessem esse nome à época.

o cientista toscano compreendeu o princípio óptico envolvido e construiu um aparelho muito melhorado, batizando-o de *perspicillum*, e demonstrou seu funcionamento ao senado veneziano, visando sua aplicação militar, em agosto de 1609. A impressão causada foi tão grande que o senado tornou vitalício seu contrato com a universidade e aumentou seu salário para 1.000 florins, mais de cinco vezes seu salário inicial[53].

Galileu logo construiu outro equipamento ainda melhor, com o dobro de poder de aumento, e passou boa parte de dezembro de 1609 a observar a Lua, onde pôde encontrar montes e crateras, sombras e o reflexo da luz que atingia nosso planeta, um conjunto de novidades inacreditáveis. Logo se voltou para as estrelas e planetas, percebendo o aspecto discoidal destes e puntiforme daquelas, uma distinção inédita e fundamental. Desvendou o mistério da via Láctea, que se pensava composta de alguma substância especial, percebendo o grande número de estrelas do céu. Em 7 de janeiro, ele realizou a descoberta que o marcaria para toda a história. Observando Júpiter, pôde ver um conjunto de satélites, e logo percebeu que giravam em torno do planeta.

Tratava-se de um conjunto de observações capaz de desmontar todo o sistema ptolomaico-aristotélico! Galileu logo percebeu o terrível poder destruidor de sua pequena luneta, muito maior do que qualquer canhão conhecido. Suas descobertas foram publicadas pouco depois, em março de 1610[54], na forma de um pequeno livro, de 29 páginas, escrito em latim e impresso em Veneza, denominado *Sidereus Nuncius*[55]. Em seu longo subtítulo, prometia grandes, incomuns e notáveis espetáculos, abrindo-os à consideração

---

[53] SOBEL, D. *Galileu's Daughter*. Nova York: Penguin Books, 2000, p. 31.
[54] O prefácio tem a data de 4 de março de 1610.
[55] O título é expressão ambígua, que tanto pode ter um significado neutro, como "Mensagem das estrelas", como outro diverso, "Mensageiro dos astros", que soaria como um autoelogio.

de todos os homens e especialmente dos filósofos e astrônomos, e que esses fenômenos se revelavam na Lua, na Via Láctea, nas estrelas fixas, em nebulosas e em quatro planetas jamais vistos, de revolução rápida em torno de Júpiter. Por fim, informava que decidira denominar este conjunto de "estrelas medicianas"[56], em homenagem à família de soberanos da Toscana, os Médici de Florença.

Com sua luneta, Galileu simplesmente destruiu a ideia de que o mundo lunar fosse perfeito. Ele incluiu desenhos da Lua na publicação, que certamente provocaram grande sensação, com as nunca antes vistas crateras lunares iluminadas pelo Sol de maneira a expor seu relevo. Em prosa e verso, tinha-se a certeza de que a Lua não mantinha nenhuma semelhança com a Terra, como escrevera Dante, na *Divina comédia*, sendo perfeitamente esférica e homogênea, mesmo se a visão nos levasse a imaginar outros mundos. Afirmou que a superfície lunar era tal qual a da Terra, com vales e montanhas, que chegou a medir inclusive[57], mas se deixara "ferir pelas lanças da especulação", como diria o poeta florentino, afirmando que as partes claras da Lua são as terras emersas lunares, e as partes escuras, os oceanos. Essa afirmação seria corrigida mais tarde e indica que sua luneta não lhe fornecia imagens muito boas. Aliás, essa será a crítica de seus opositores e inimigos, ao centrarem seus argumentos no fato de que o aparelho introduziria deformações nas imagens que enganariam a visão.

Galileu pôde perceber a luz refletida da Terra na parte escura da Lua crescente, o chamado "brilho

---

[56] No original, "*Medicea Sidera*".
[57] Galileu explica o método utilizado, por trigonometria, para as medições (p. 13). Ele escreveu que a distância da Terra à Lua era de "66 diâmetros" (*sic*; na verdade à época se acreditava ser de 66 raios terrestres), e, pelo teorema de Pitágoras, dado o raio da Lua (cateto maior), conseguiu medir as alturas dos picos iluminados (raio da Lua + altura dos montes), concluindo serem perfeitamente de acordo com as medidas terrestres. V. ROSEN, E. Galileo on the distance between the Earth and the Moon. *Isis*, 1952, 43: 344-348.

cinéreo", que ele chamou "iluminação secundária". Ele, assim, comprovava que a Terra refletia a luz do Sol e seria vista de outros mundos tal qual nós os vemos daqui. Em pouco tempo Galileu encontrava evidências de que os planetas são astros que refletem a luz do Sol, sendo mundos tais como o nosso, girando ao redor do Sol, como proposto por Copérnico. As estrelas, astros puntiformes, deveriam estar a enormes distâncias, comparativamente aos planetas. Seu argumento seria desenvolvido com todo vigor anos mais tarde e, previsivelmente, resultaria em um processo de heresia pela Santa Inquisição, que poderia levá-lo ao mesmo destino de Giordano Bruno, condenado à morte apenas dez anos antes de Galileu publicar seu livro sobre o que observara com sua luneta.

A profusão de estrelas no céu deslumbrou Galileu, que apenas nas cercanias das Três Marias, o cinturão do caçador e próximo à sua espada (Órion), divisou muitas delas; no aglomerado da Colmeia, na constelação de Câncer (por onde transitava Júpiter), ele identificou nada menos do que 38 estrelas, e incluiu uma ilustração no livro. A Via Láctea, cuja explicação seguia um debate milenar, estava definitivamente resolvida: "para qualquer parte dela que se dirija a luneta, uma vasta multidão de estrelas imediatamente se apresenta à vista". Portanto, nada de leite, éter ou quintessência: apenas estrelas. Tratava-se simplesmente de uma concentração assombrosa de estrelas, uma solução absolutamente simples, mas demolidora para os ptolomaicos, dado que no Almagesto tinham sido catalogados "apenas" 1.022 astros.

Mais adiante, em seu livro de março de 1610, escreveu, à página 17:

> As observações breves até aqui se referem à Lua, às estrelas fixas e à Via Láctea. Resta a matéria que em minha opinião merece ser considerada a mais im-

portante de todas, a descoberta de quatro PLANETAS [ênfase no original] nunca vistos desde o início do mundo até o nosso tempo, juntamente com o fato de eu ter descoberto e estudado suas disposições, e as observações feitas de seus movimentos e alterações durante os dois últimos meses. Convido todos os astrônomos a examiná-los e determinar seus períodos, coisa que até o presente de modo algum foi possível completar, devido ao curto tempo. Advirto que será necessário dispor da mesmíssima luneta[58], tal como descrevemos no início deste discurso.[59]

As onze páginas restantes foram dedicadas a descrever suas observações, começando pelo dia 7 de janeiro, no qual ele vislumbrou três "planetas"[60]. Nos dias seguintes, quando o céu não estava nublado, observou diversas configurações de Júpiter e seus satélites, até avistar perfeitamente os quatro, no início da noite de 13 de janeiro, três ocidentais e um oriental, concluindo que eles estavam em revoluções tão rápidas que, mesmo durante uma mesma noite, a configuração observada mudava.

Nos meses seguintes, os mais conceituados astrônomos passaram a observar o céu de acordo com as recomendações de Galileu, e ele se manteve realizando suas próprias observações e registros. As observações de Galileu podem ser checadas hoje em dia, buscando-se as ilustrações originais e um *software* de astronomia que nos mostre o céu em Pádua naquele início de janeiro de 1610. Será fácil encontrar

---

[58] Galileu se referia a seu instrumento como *"perspicillo exactissimo"*. V. GALILEO, G. *Sidereus Nuncius*. 1610, p. 17. [O original, conhecido como "primeira edição veneziana", bem como a edição do mesmo ano impressa em Frankfurt, estão disponíveis online no sítio da Biblioteca Linda Hall (http://www.lindahall.org)]
[59] GALILEO, G. *Sidereus Nuncius*. 1610, p. 17; COHEN, B. I. *O nascimento de uma nova física*. São Paulo: Edart, 1967, p. 75.
[60] Pela reconstrução que podemos fazer hoje, conclui-se que ele observava quatro "planetas", mas nas primeiras horas da noite do dia 7 de janeiro de 1610 havia uma conjunção entre o primeiro e o segundo satélites (depois denominados Io e Europa), que se apresentavam com o brilho de um único.

Júpiter na constelação do Touro, próxima de Órion e de Câncer, e conferir as observações de Galileu: elas são exatas! É possível inclusive determinar o horário da observação!

Nos meses seguintes, os mais conceituados astrônomos passaram a observar o céu de acordo com as recomendações de Galileu, e ele se manteve realizando suas próprias observações e registros. As observações de Galileu podem ser conferidas hoje, buscando-se as ilustrações originais e um *software* de astronomia que nos mostre o céu que observava. Em 1613, já confortavelmente instalado em Florença, realizou uma série de observações em março e abril e as registrou (figura 12). Será fácil encontrar Júpiter na constelação de Virgem, próximo da constelação do Corvo, e visualmente junto a Netuno, ainda desconhecido à época, e conferir as observações de Galileu: elas são exatas! É possível inclusive determinar o horário das observações! Kepler foi um dos primeiros a confirmar as descobertas do colega toscano, e logo apareceram outros, inclusive reivindicando precedência na descoberta, como Marius, o antigo desafeto e mestre do jovem Capra[61]. De qualquer forma, Galileu sabia que o instrumento estava disponível em boa parte da Europa e não tardaria que outros tivessem a mesma iniciativa. Isso explica, inclusive, a pressa de Galileu em publicar suas descobertas de maneira muito rápida, pouco menos do que dois meses após a primeira observação. No entanto, ele podia antever o impacto dessas descobertas, pois estava imerso profundamente no debate sobre o sistema ptolomaico-aristotélico e conhecia bem a obra de Copérnico.

---

[61] Ele teria realizado uma observação no dia 28 de dezembro de 1609. Como ele vivia em um reino luterano, seguia o calendário juliano, o que seria equivalente ao dia 7 de janeiro de 1610 no calendário gregoriano. Galileu ficou enfurecido com a comunicação, colocando-a em dúvida. Galileu expõe sua fúria na abertura de seu livro *Il saggiatore*. No entanto, é provável que ela tenha de fato sido feita. Mourão, R. R. F. *Dicionário de astronomia e astronáutica*. 2 ed. Rio de Janeiro: Nova Fronteira, 1995, p. 511.

pensamento científico **71**

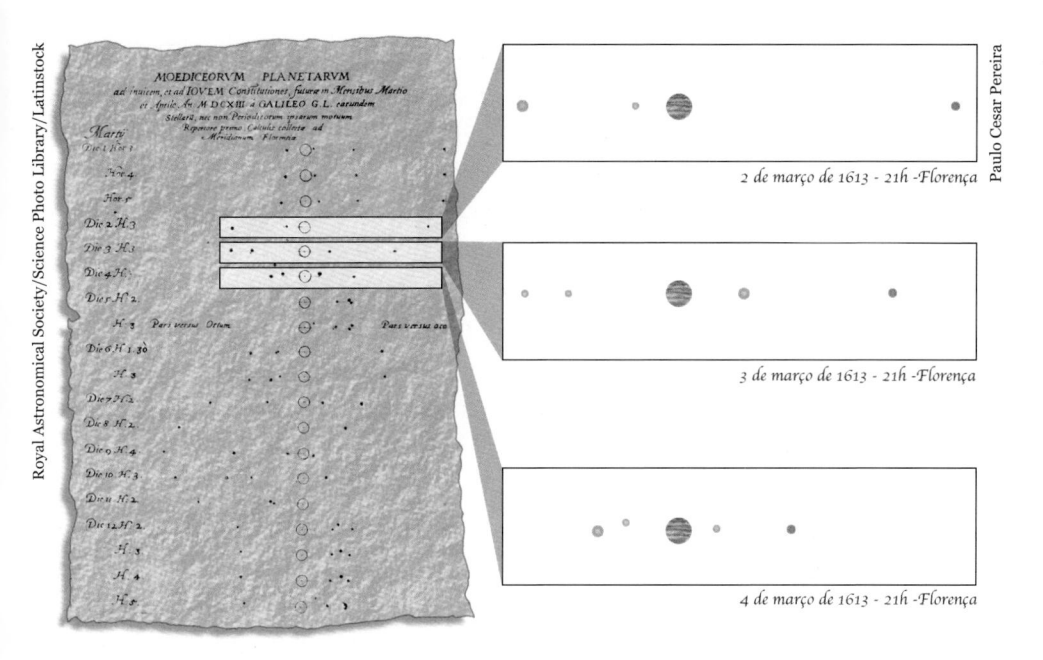

Figura 12. Observações de Galileu com sua luneta, realizadas em Florença, em 1613, e publicadas em *Istoria e Dimostrazione*. Podem ser conferidas com auxílio do computador e confirmadas.

A publicação de Galileu de 1610, com 550 exemplares, esgotou-se rapidamente; foi reproduzida no exterior e recebeu a previsível acolhida dos soberanos de Florença. Embora tivesse conseguido um substancial aumento salarial e mais segurança, ele sabia que ninguém poderia derrubar todo o sistema ptolomaico-aristotélico sem sofrer graves consequências. Veneza, local onde fora impresso seu livro, tinha uma certa independência de Roma, e grande poderio militar, mas não era um lugar absolutamente seguro. Afinal, Giordano Bruno (1548-1600) tinha sido preso pela Inquisição em Veneza, no mesmo ano em que Galileu ganhara seu primeiro contrato outorgado pelo senado veneziano na Universidade de Pádua.

Além das inquietações com Veneza, que era uma república, Galileu tinha muita proximidade com o centro do poder da Toscana, que deixara de ser uma república e há mais de um século era governada pela família dos Médici. Quatro papas pertenceram a ela, de modo que suas relações com a Igreja Católica eram excelentes. Em sua primeira cátedra universitária, em 1589, Galileu fora designado por Ferdinando (1549-1609), que tinha se tornado cardeal aos 15 anos de idade, mas renunciara à carreira eclesiástica em 1587, para assumir o trono da Toscana, quando seu irmão mais velho faleceu. Ele então se casou com Cristina de Lorraine (1565-1637), da linhagem real francesa, e também da família toscana Médici, tendo com ela oito filhos. Seu primogênito, Cosimo II (1590-1621), fora um dos alunos particulares de Galileu e assumiu o poder em 1609, com a morte do pai, tornando-se grão-duque da Toscana. Assim, quando Galileu dedicou os quatro novos planetas ao grão-duque e à família Médici, ele esperava que o jovem soberano e sua mãe ficassem envaidecidos. Como era de se esperar, logo lhe foi oferecida uma irrecusável posição, como matemático da corte, com uma cátedra vitalícia na Universidade de Pisa, dispensado da obrigação de docência. Assim, em setembro de 1610, Galileu chegou a Florença com sua filha Lívia, onde reencontrou Virgínia, a mais velha, que já morava com a avó desde o outono anterior.

A confirmação de Copérnico e as novas ciências

O trabalho de Galileu foi extenso, mas, como fizemos no capítulo anterior, deveremos tratar de maneira muito abreviada alguns poucos exemplos de seus estudos, notadamente os que colidiram frontalmente com o sistema aristotélico-ptolomaico, e que conduziram à confirmação das teorias de Copérnico sobre o heliocentrismo.

A mecânica celeste de Ptolomeu previa que Vênus estivesse ligado a uma esfera celeste anterior à do Sol, ou seja, este estaria, a cada dia, transitando por sobre esse planeta. Galileu, ao perceber que os planetas eram vistos como discos iluminados, logo concluiu que eles eram esferas que não emitiam luz; apenas a refletiam, tal qual a Lua. Suas observações nos meses seguintes revelaram que o planeta Vênus apresentava fases, como a Lua, e, além disso, seu tamanho aparente variava, exatamente como seria previsto pelo modelo copernicano. Ora, se a Terra fosse o centro em torno do qual giravam os planetas, eles deveriam se manter sempre à mesma distância, em vez de manter maior ou menor proximidade[62]. As fases de Vênus e a variação de seu tamanho aparente constituíram outra grande descoberta de Galileu em 1610, comunicada do início de 1611, e que acrescentava mais evidências em favor do modelo heliocêntrico (figura 13). Em 1610, ele publicara a frase *"Haec immatura a me iam frustra leguntur o. y."* [Essas coisas imaturas, eu as colho em vão], mas depois esclareceu que, ao mudar a ordem das letras, a verdadeira sentença aparece: "Cynthiae figuras aemulatur mater amorum" [A mãe do amor (Vênus) imita as fases de Cíntia (Lua)].[63]

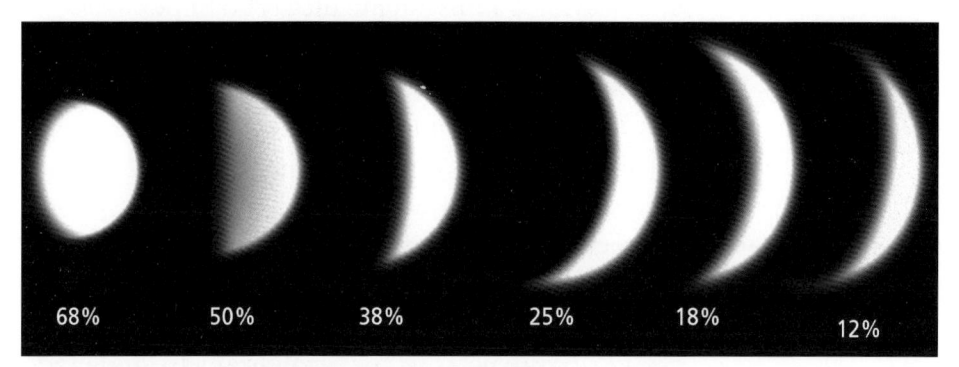

Figura 13. As fases de Vênus descobertas por Galileu.

---

[62] Em verdade, o sistema ptolomaico tinha sido sofisticado com a introdução de epiciclos, que rigorosamente poderiam resolver o problema, mas apenas parcialmente.
[63] Cf. CAYEUX, A.; BRUNIER, S. *Os planetas*. São Paulo: Francisco Alves, 1985, p. 45.

O "funeral" dos "filósofos dos livros", como definiu Galileu em uma carta, ocorreria em 1613, quando explicou como as manchas solares poderiam ajudar a explicar a rotação do Sol em torno de seu próprio eixo, que ele calculou em cerca de um mês. Observar o Sol lhe custaria caro, pois ficaria cego mais tarde, mas, de qualquer forma, já em seus primeiros anos em Florença, ele havia conseguido revolucionar nossa visão de mundo.

Como vimos no capítulo anterior, seria impossível aceitar uma nova explicação para a organização do universo sem uma nova teoria do movimento. Como era possível que a Terra se deslocasse em torno do Sol e que a Lua não se perdesse? Sem dúvida, a resposta daria conta de responder como era possível que quatro luas girassem em torno de Júpiter, reconhecidamente um planeta em movimento, e não se perdessem, ao contrário, mantivessem um ritmo sincronizado, como pôde depois ser estabelecido. A questão do movimento da Terra era, de fato, difícil de explicar e, a rigor, respostas convincentes a essas perguntas tiveram de esperar pelo trabalho de Isaac Newton (1643-1727). No entanto, Galileu desenvolveu uma base teórica, matemática inclusive, sem a qual o avanço subsequente teria sido impossível.

As previsões de Galileu de que estaria mais protegido da espada da Inquisição em Florença não se confirmaram. Cosimo II morreu precocemente, e seu filho tinha apenas 10 anos quando assumiu o trono, de maneira que a blindagem que ele esperava conseguir se esvaía em meio à terrível epidemia que se abateu sobre as cidades, que amontoavam corpos pelas ruas em meio a vaticínios de que esse era o castigo divino pelas heresias mundanas. Condenado pela Inquisição, Galileu teve de se submeter a diversas humilhações para evitar ser queimado vivo como temia.

Mesmo evitando o pior castigo, teve uma velhice duríssima, na qual conseguiu reunir forças para publicar seu livro mais profundo, do ponto de vista teórico, e que contém as lições que ainda hoje jovens do mundo todo estudam na educação básica. Suas filhas haviam se tornado freiras e viviam em clausura; a mais velha, Virgínia, escolheu como nome eclesiástico Maria Celeste, uma indicação de seu orgulho pelo trabalho do pai. No entanto, com a condenação deste, uma profunda depressão a abateu, levando-a à morte precocemente, em 1634, com apenas 34 anos, o que talvez tenha sido para o pai um castigo pior do que a fogueira.

Em 1638, cego e seriamente doente, proibido de receber tratamento médico, Galileu conseguiu reunir forças para sintetizar suas teses sobre o movimento, desafiando a proibição da Igreja, apresentando-as em novas bases, que saíram publicadas naquele que é considerado seu maior e mais profundo livro: *Discorsi e dimostrazioni matematiche intorno a due nuove scienze*[64]. Ele abriu o caminho para uma física inercial, lançando as bases da moderna Dinâmica, onde se estudam as relações entre as forças e os movimentos por elas produzidos.

Se a Terra gira, por que a chuva cai perpendicularmente ao solo? A resposta de Galileu era simples, pois ele dizia que, ao deixar cair uma pedra do alto do mastro de um navio que se move com velocidade constante, mantendo trajetória retilínea, vemos que ela cai perpendicularmente ao convés, ao pé do mastro. Assim, dizia ele, ao ver a pedra cair deveríamos concluir que o navio está parado, se nossos olhos testemunham seu movimento? E as moscas na cabine do navio, não voam normalmente? Assim se justifica o estudo do movimento retilíneo uniforme. A física

---

[64] O livro foi impresso na Holanda, para evitar castigos ainda maiores do que os que já sofria com a Inquisição.

inercial galileana respondia à maioria das objeções contra a ideia de que a Terra gira em torno de seu eixo.

Não se deve pensar, contudo, que as objeções da Igreja Católica a Galileu e Copérnico fossem ridículas, ou mesmo elementares. Algumas delas eram desafios importantes, e que não foram respondidos na época de Galileu. Por exemplo, se a Terra se desloca em torno do Sol, as constelações não deveriam se manter rigorosamente iguais ao longo do ano. A medida da paralaxe anual falhava em encontrar qualquer diferença na distância entre as estrelas das constelações, que tinham sido justamente definidas como "estrelas fixas", em franca contradição com o sistema copernicano. Galileu respondeu dizendo que a distância entre nosso planeta e as estrelas deveria ser tão grande a ponto de os aparelhos disponíveis não serem precisos o suficiente para detectar a paralaxe. Embora correta[65], a resposta não satisfez os inquisidores.

Aristóteles afirmara, como vimos, que a queda dos corpos envolve tempos inversamente proporcionais à sua massa. Galileu demonstrou que essa maneira de pensar não tinha fundamento na realidade, mas isso talvez não tenha sido um golpe tão importante na física aristotélica, que já estava bastante desacreditada. Galileu fez mais do que isso ao mostrar que os corpos arremessados, como as bolas de canhão, não percorrem obviamente a trajetória triangular prevista por Aristóteles, nem tampouco uma trajetória curva qualquer, como conjecturara Tartaglia, mas sim uma exata parábola. Estudando a queda livre, demonstrou experimentalmente que os corpos percorrem distâncias crescentes em intervalos iguais de tempo, na mesma razão que os números ímpares a partir da unidade. Compreendeu como ocorria sua

---

[65] A primeira medida de paralaxe estelar só foi possível em 1840.

aceleração, da mesma forma como explicou o atrito, o qual "perturba-os todos numa infinita variedade de maneiras", tal qual o movimento em um plano horizontal, "que deveria ser uniforme e constante quando se eliminam todos os obstáculos, porém é alterado pela resistência do ar e assim cessa".[66]

A ciência de Galileu e seus problemas

Galileu sempre se preocupou com as inúmeras aplicações de suas novas descobertas. Diversas delas dependiam do estabelecimento preciso dos horários dos ciclos dos satélites de Júpiter e ele trabalhou nesse problema por diversos anos. Em 1604, o rei Filipe III, da Espanha, ofereceu um prêmio milionário a quem desenvolvesse um método prático e preciso para determinar a longitude. Em 1606, o governo holandês fez oferta semelhante, sendo seguido logo depois por França e Inglaterra. Assim, quando Galileu percebeu que Júpiter pode oferecer um relógio visto de toda a Terra, logo se deu conta de que poderia resolver a questão da longitude e reivindicar os prêmios milionários. No entanto, havia problemas...

Após determinar com precisão os períodos de revolução dos satélites ao redor de Júpiter, cuja premência Galileu já assinalara desde sua descoberta de 1610, Jean Picard (1620-1682) e Giovanni Domenico Cassini (1625-1712) compilaram tabelas nas quais era possível saber antecipadamente os horários dos eclipses e ocultações. Para seu desapontamento, as tabelas não coincidiam com as observações, por mais que verificassem os cálculos. O erro entre as previsões e as observações, no entanto, apresentava uma estranha regularidade, uma vez

---

[66] V. BOIDO, G. *Noticias del Planeta Tierra: Galileu Galilei y la revolución científica*. Buenos Aires: A. Z. Editora, 1996, p. 275.

que chegava a cerca de 16 minutos, quando passava a ser progressivamente menor.[67] Novas tabelas passavam a ser compiladas, baseadas em hipóteses que demandavam correções.[68]

As observações de Galileu dos satélites de Júpiter se prolongaram por 27 anos. Mas já em 1612 ele havia determinado com uma precisão incrível o período despendido para cada um dos quatro satélites completar uma volta em torno do planeta. Uma comparação de seus resultados com os que apareceram na *Encyclopaedia Britannica*, na edição de 1910, trezentos anos depois da primeira observação com a luneta, pode dar uma boa ideia da precisão de seu trabalho observacional (quadro 1).

Satélite	Cálculo de Galileu (1612)	Encyclopaedia Britannica (1910)
I-Io	1 dia e 18,5 horas	1 dia e 18,48 horas
II-Europa	3 dias e 13,3 horas	3 dias e 13,5 horas
III-Ganimedes	7 dias e 4 horas	7 dias e 4 horas
IV-Calisto	16 dias e c. 18 horas	16 dias e c. 18 horas

Quadro 1. Comparação das conclusões de Galileu sobre os períodos de revolução dos satélites de Júpiter, em 1612, e as estampadas trezentos anos depois, em 1910.[69]

No entanto, mesmo com essa precisão, as tabelas com as previsões do movimento dos satélites não se confirmavam plenamente. Galileu já antevira que a chave da questão estava justamente em outro dos dogmas aristotélicos, a velocidade instantânea da luz. Mais uma vez, Empédocles poderia estar com a

---

[67] V. FILONOVICH, S. R. *The Greatest Speed*. Moscou: Mir, 1986.
[68] V. a obra original de Cassini, *Les hypothèses et les tables des satellites de Jupiter, reformées sur de nouvelles observations par monsieur Cassini*. Paris, 1693. Disponível em: http://www-obs.univ-lyon1.fr/labo/fc/ama09/pages_hras/mars_to8_sat-j
[69] Cf. PERUZZI, G. *Op. cit.* p. 63.

razão, mas o método galileano demandava uma demonstração experimental. Ele chegou, inclusive, a propor um experimento, no qual dois observadores, a alguns quilômetros de distância, fariam sinais com uma luz e observariam sua resposta. O resultado do experimento a longa distância (Galileu propôs que fosse, inclusive, realizado com uma luneta), se diferente do realizado a curta distância, derrubaria a ideia de que a luz tinha velocidade infinita. Para entender o raciocínio de Galileu, imagine que dois jogadores de tênis estão numa quadra e você possa ouvir o ruído do golpe da raquete na bola. Se eles ficarem no fundo da quadra o ruído será ouvido em intervalos maiores do que se ambos estiverem próximos da rede. No entanto, se a bola se movesse com velocidade infinita, os ruídos não seriam distintos (se os jogadores conseguissem golpear a bola!). O fato, no entanto, é que a diferença entre a velocidade da luz e a de uma bola de tênis é tão grande que o experimento, mesmo realizado a quilômetros de distância, não seria capaz de colocar em dúvida a velocidade instantânea.

Imagine a trajetória da luz refletida por Júpiter em dois momentos, separados pelo intervalo de seis meses (figuras 14a e 14b). Observe que as figuras não estão em escala, pois a distância de Júpiter seria muito maior. A luz tem que percorrer uma trajetória mais longa em um dos quadros do que em outro (linha branca mais espessa nas figuras). Assim, estaria justificado seu "atraso" em certas épocas do ano. Galileu sabia disso, mas não conseguiu encontrar meios de comprovar (e corrigir) as distorções provocadas pelo tempo consumido na jornada da luz no sistema solar. Contudo, o problema só seria resolvido em 1676, com o trabalho de Olaf Roemer no Observatório de Paris.

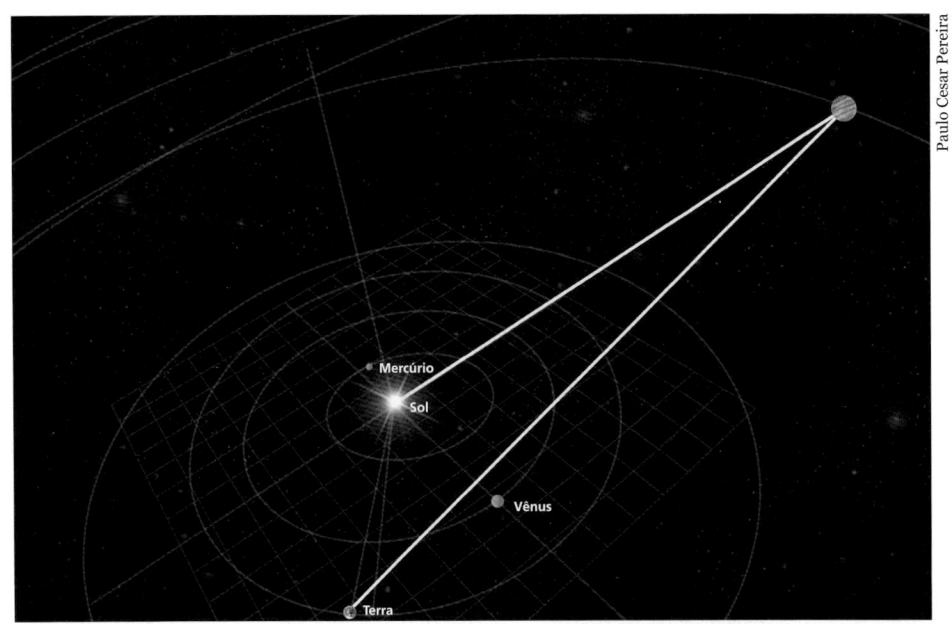

Figura 14a. A trajetória da luz do Sol até Júpiter e, refletida nele, até a Terra (linha branca mais espessa) é diferente ao longo do ano. (Figura fora de escala.)

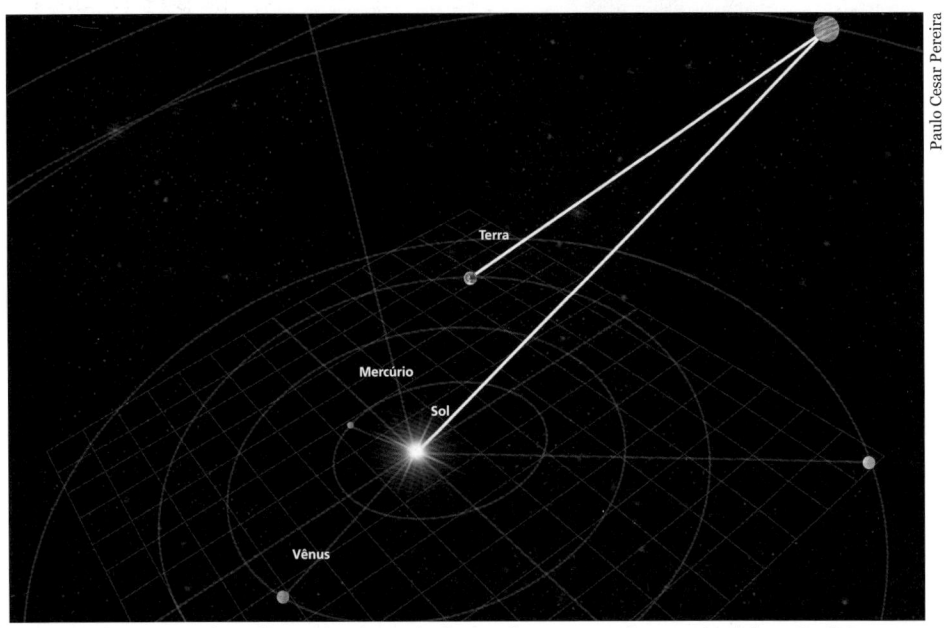

Figura 14b. Mesmo fora de escala, é possível perceber que as duas trajetórias são diferentes (figuras 14a e 14b).

Outro problema a que se dedicou foi a observação de Saturno, que passou por uma variação muito notável ao longo do tempo em que Galileu o estudou. De início, observou um contorno pouco nítido do disco do planeta, parecendo-se mais com uma elipse. No dia 13 de novembro de 1610, Galileu anunciava sua descoberta à família Médici, de que Saturno seria um sistema de três astros, totalmente imóveis, chamando-o de "planeta trigêmeo". Anos depois, em 1625, o disco visível do planeta parecia ter assumido o contorno perfeitamente circular (figura 15). Isso lhe sugeriu que o conjunto não deveria estar "totalmente imóvel" como imaginara inicialmente, mas em rotação muito lenta.

Figura 15. O problema dos anéis de Saturno: imagens geradas por computador da visão que se tinha dele em 1616 e, depois, em 1625.

Em verdade, naquele intervalo de tempo os anéis do planeta se alinharam de tal forma com a visada a partir da Terra que sumiram completamente aos observadores. Trata-se, obviamente, de um erro muito razoável, que esperou até 1656, já depois da morte de Galileu, para ser corrigido, com a proposta de Christiaan Huygens (1629-1695).

Esse outro erro de Galileu nos permite ressaltar um aspecto fundamental na nova forma de criar conhecimento inaugurada por ele. A ciência moderna não produz verdades absolutas, mas o que um saudoso filósofo da ciência da atualidade chamou de "conhecimento confiável"[70]. O conhecimento está ancorado em um arcabouço teórico e em um aparato experimental, que lhe dá sustentação e consistência. Mas isso significa que mudanças, tanto no arcabouço teórico como no aparato experimental, poderão trazer implicações profundas para o conhecimento científico válido até aquele momento, inclusive levando a repensá-lo profundamente.

Como já dito, o experimento não foi uma parte inovadora e nem mesmo é característica indispensável do conhecimento científico moderno. No entanto, ele teve um papel muito importante no desenvolvimento das ideias de Galileu, talvez mais importante do que os historiadores do século XX inicialmente pensaram. Diversas descrições de experimentos foram colocadas em dúvida, como se Galileu tivesse realizado "experimentos mentais", como o de amarrar dois objetos de massa diferente em queda livre, confundido-os com experimentos reais. Por exemplo, Galileu disse a seu biógrafo Viviani ter percebido a regularidade do movimento do pêndulo na catedral de Pisa ainda quando era estudante, utilizando a pulsação de seu coração como cronômetro para medir a oscilação do candelabro central. No entanto, posteriormente, foi verificado que tal candelabro fora instalado em 1587, quando não era mais estudante em Pisa. Isso levou alguns historiadores a colocar em dúvida suas descrições de experimentos de maneira geral e, portanto, exagerada.

Outro exemplo interessante nos remete às descrições sobre os experimentos de queda livre, nos quais ele teria lançado objetos com diferentes pesos

---

[70] V. ZIMAN, J. *Reliable Knowledge*: an exploration of the grounds for belief in science. Cambridge: Cambridge University Press, 1978.

do alto de uma torre e verificado sua queda, experimentos que foram igualmente colocados em dúvida. Em uma dessas descrições quando ainda era professor em Pisa, presente em um de seus manuscritos[71], ele afirmou que, quando dois objetos de peso diferente, um leve e outro pesado, são deixados cair do alto de uma torre, o objeto leve tem uma vantagem inicial, mas esta é perdida logo em seguida. Ele escreveu dizendo ter realizado diversas vezes esse experimento, o que certamente ocorrera em Pisa e quase certamente em sua famosa torre, particularmente indicada para esse tipo de experimento, justamente devido a sua inclinação (figura 16). O erro evidente da descrição da queda indicaria uma suposta falta de correspondência com a realidade.

Figura 16. Torre de Pisa: usada por Galileu para testar suas hipóteses.

---

[71] Trata-se do manuscrito *De motu* ("Do movimento"), escrito ao redor de 1590, mas nunca publicado. Galileu mudou suas conclusões sobre o assunto a partir de seu trabalho experimental e matemático, o que explica nunca ter retomado sua escrita.

Alguns historiadores, chefiados pelo professor I. Bernard Cohen, da Universidade de Harvard, repetiram esses experimentos com objetos similares aos utilizados por Galileu, esferas de aço e de madeira, acompanhados de um sofisticado aparato de registro fotográfico. Eles se surpreenderam ao ver que as imagens revelavam justamente o que Galileu descrevera. Estudos subsequentes demonstraram a influência de um componente fisiológico relevante, pois, quando a mão humana segura objetos de pesos diferentes, a reação muscular para soltá-los é igualmente diferente. Assim, ao tentar soltar os dois objetos ao mesmo tempo, provavelmente o mais leve partia uma fração de segundo antes, o que explicava a descrição de Galileu.[72]

Esse episódio ilustra bem o princípio geral fundado por Galileu, que procurou subordinar suas crenças ao resultado de ensaios sobre os quais não pretendia interferir. Esse método era, de fato, revolucionário, e demonstrou ser extremamente eficiente para criar conhecimento novo, capaz de resolver problemas concretos com eficácia. Não por acaso, Galileu fundou uma verdadeira escola de pensamento, que teve ramificações importantes em todos os ramos do conhecimento, inclusive na geologia e na biologia, como veremos no próximo capítulo.

---

[72] V. BOIDO, G. *Noticias del planeta Tierra*: Galileu Galilei y la revolución científica. Buenos Aires: A. Z., 1996, p. 85-86.

Capítulo 3

Uma nova história natural: Charles Darwin e as dinâmicas da natureza

Neste capítulo, procuro situar o estabelecimento do paradigma atual das ciências biológicas, mostrando uma trajetória que incorporou muito da tradição clássica, desde o legado de Aristóteles, mas incluiu importantes rupturas. A ideia de uma natureza dinâmica e em permanente mudança não era nova e estava bem sedimentada. Mas as razões que explicavam essa dinâmica passaram a ser vistas de maneira inteiramente diferente. Uma profunda mudança ocorreu na maneira de olhar essa dinâmica natural, a partir de suas causas. Não mais seria admissível pensar que uma única causa final explicaria todos os movimentos, que haveriam de ser concebidos a partir de outro tipo de causas. Mesmo que algumas perguntas não tenham ainda sido respondidas até hoje, sabemos que muitas explicações foram definitivamente aposentadas. Os princípios filosóficos que demandavam uma finalidade, se possível nobre, para cada detalhe da natureza foram enfrentados por Charles Darwin, que teve ainda que refletir sobre um detalhe crucial em sua teoria, antes de publicá-la. A dinâmica do mundo permitiria uma adaptação completa e perfeita dos seres vivos a seu meio? Ora, um mundo em constante mudança não poderia ser acompanhado, instantaneamente, por mudanças dos seres vivos. Isso implicava repensar as visões de perfeição da natureza e dos seres vivos.

O rompimento com os princípios finalistas e de perfeição da natureza foi uma afronta a dois princípios basilares da teologia cristã. Um mundo sem propósito e, ainda por cima, imperfeito era algo que colidia frontalmente com todos os ensinamentos religiosos, de tradição mais do que milenar, seguramente desde Tomás de Aquino (1225-1274). Certamente, a questão da origem da espécie humana estava incluída nessa polêmica, bem como a questão da cronologia bíblica do Gênesis e a discussão da existência do dilúvio universal. No entanto, elas já eram antigas, tendo sido debatidas nos meios científicos pelo menos desde o século XVIII de maneira calorosa.

Uma visão evolutiva do mundo biológico dependia, fundamentalmente, de uma teoria que explicasse a maneira como uma geração passa suas características para a seguinte. Se essa transmissão ocorre sem nenhuma possibilidade de modificação, a perspectiva evolutiva restaria irremediavelmente comprometida. Se, por outro lado, uma geração recebe da anterior um patrimônio biológico ligeiramente diferente, evidencia-se a possibilidade de se acumularem modificações ao longo do tempo. Essa foi a base sobre a qual dois dos maiores cientistas do século XIX desenvolveram experimentos e analisaram dados empíricos. Darwin e Mendel leram os mesmos trabalhos científicos e realizaram experimentos que tiveram resultados incrivelmente parecidos. Mesmo assim, chegaram a conclusões diametralmente opostas, refletindo uma face característica do empreendimento científico, e que o diferencia de outras formas de organizar o pensamento e a razão.

A nova história natural que se consolidaria no século XIX mantinha elementos aceitos anteriormente, como a visão dinâmica da Antiguidade, mas incorporava elementos essencialmente novos, que colidiam com as visões teológicas judaico-cristãs de natureza e de homem, e que estão na base da Biologia moderna.

As visões dinâmicas da natureza

O século de Galileu é conhecido pela exaltação da racionalidade, em que novos sistemas de ideias foram estabelecidos, organizando de certa forma as grandes novidades do século anterior. A descoberta de um novo mundo, novos povos, as rotas comerciais com o Oriente, enfim, uma série de grandes novidades, trouxe consigo uma onda de incertezas. Konrad Gessner (1516-1565) publicara um livro sobre Zoologia[73] que pretendia incluir todos os animais conhecidos, por relatos de viajantes e documentos escritos. Ao se propor tal empreitada, dentre muitas espécies, descreveu animais bizarros da África, Ásia e América, bem como seres mitológicos como o unicórnio. A Botânica, da mesma forma, experimentou progressos imensos, ainda mais ao se considerar que se tratava de área de interesse da Farmacologia e da Medicina. O médico suíço Caspar Bauhin (1560-1624) descreveu pouco mais de 5 mil espécies de vegetais em seu livro *Pinax theatri botanici* (1596), seguindo a tradição aristotélica, mas pretendendo universalizar os nomes extensos das plantas, com finalidades terapêuticas.

Na anatomia, os progressos haviam sido enormes, com grande avanço no conhecimento do corpo humano, graças à liberdade de pesquisa de universidades que não atendiam a restrições religiosas. A Universidade de Pádua, na Itália, por exemplo, recebia estudantes de toda a Europa para os estudos de Medicina, sendo famosa pelas lições de Anatomia, que incluíam a dissecção de cadáveres. Ela estava equipada com o primeiro anfiteatro permanente de ensino de anatomia humana, inaugurado em 16 de janeiro de 1595[74].

---

[73] Trata-se de *Historia Animalium,* publicado em quatro volumes em Zurique, entre 1551 e 1558.
[74] O anfiteatro e sua história, e um tour virtual, podem ser encontrados no sítio da universidade de Pádua: http://www.dei.unipd.it/conferences/3DPVT/visita/italiano_wav/filmati/anatomico/visitateatro.htm. Acesso em: 20 fev. 2012.

Na primeira metade do século XVIII, a ortodoxia católica não mantinha uma leitura literal do Gênesis como pressuposto essencial. Nesse sentido, a ideia de que o dilúvio bíblico tenha sido um evento universal, com água cobrindo fisicamente todo o planeta, embora fosse admitida por alguns teólogos católicos, não era vista como uma visão essencial por todos. Embora Roma seja a referência imediata para os católicos, é preciso recordar que a França, ou mais particularmente Paris, era a capital intelectual da Europa naquele período, e lá se encontrava o centro mais bem preparado para exercer o poder eclesiástico. A tradicional, vigilante e conservadora Faculdade de Teologia da Universidade de Paris, onde estudara Tomás de Aquino, mantinha elaborada maquinaria de censura sobre as publicações e as igrejas, que deviam disciplina aos dogmas e doutrinas hierarquicamente impostos, com todo apoio do aparato repressivo do Estado. No entanto, a ideia de que havia uma elite religiosa monolítica e em plena sintonia, controlando uma estrutura de intimidação e censura muito bem azeitada, tem sido amplamente questionada pelos historiadores do período. O século XVIII seria marcado pelo secularismo do próprio clero, conflitos e tensões relativos à doutrina cristã, bem como por uma grande ineficiência da maquinaria repressora, não raro explicada por interesses pessoais e corrupção[75].

Assim, não é difícil entender a razão de serem admitidas nesse período interpretações tanto literais como figuradas do relato bíblico no Gênesis. Em outras palavras, o dilúvio, como evento local ou universal, não era visto necessariamente como parte de uma cronologia rigorosa de fatos, admitindo-se o adjetivo "antediluviano" para expressar um período de dura-

---

[75] RAPPAPORT, R. Geology and Orthodoxy: the case of Noah's Flood in eighteenth-century thought. *The British Journal for the History of Science*, 1978, 37 (11): 1-18.

ção extensa de tempo, mesmo se imprecisa. Assim, em 1721, o médico italiano Antonio Vallisneri (1661-1730) publicava um influente livro, no qual defendia a tese de que os restos fósseis de criaturas marinhas encontrados em montanhas eram de fato de seres que tinham vivido no mar, mas que não estavam relacionados com o relato de nenhum dos livros da Bíblia. A exegese realizada pelas autoridades católicas de Paris em relação ao dilúvio bíblico resumia-se a entendê-lo como um castigo de Deus àqueles que não seguiam seus ensinamentos. Em síntese, essa leitura seria o que se poderia chamar de "visão ortodoxa" do ponto de vista da exegese católica da primeira metade do século XVIII.

Na segunda metade desse século, o cenário se modificara dramaticamente. Do ponto de vista político e econômico, foi um período de grande agitação, entremeando conflitos sociais e guerras com crise econômica e baixa produção agrícola, o que gerava tensões enormes. Do ponto de vista científico, os progressos foram gigantescos nesse período. As 5 mil espécies de plantas descritas por Bauhin no século XVI haviam saltado para mais de 100 mil, agrupadas em milhares de gêneros. Com os animais, a explosão fora ainda maior, não só em termos quantitativos, mas também qualitativos.

Os ingleses, nessa época, chegaram à Austrália e aos mares do Sul, de onde trouxeram muitas novidades surpreendentes, entre elas o canguru, um animal jamais imaginado nem nas mais exóticas mitologias. Os novos peixes das águas quentes do Pacífico foram logo identificados com fósseis de peixes petrificados encontrados a centenas de metros acima do nível do mar, em especial em um local próximo à cidade de Verona, na Itália, há muito tempo conhecidos. Como os peixes das águas quentes do sul da Terra foram parar nas montanhas veronesas, e lá se petrificaram? Essa pergunta foi alvo de um ríspido debate[76], que envolveu diversos cientistas, que se dividiam em dois blocos.

De um lado, naturalistas com firmes compromissos religiosos, que pretendiam encontrar nas evidências geológicas comprovações do relato bíblico, sobretudo do livro do Gênesis. De outro lado, naturalistas, alguns deles membros da hierarquia católica, mas que defendiam os princípios de Galileu, o sistema das duas verdades. Sem abdicar de suas crenças religiosas, propunham uma interpretação puramente racional para as evidências geológicas.

Esse debate era emblemático do tipo de confronto que se estabeleceu ao final do século XVIII e início do século XIX. Para os comprometidos com a religião, as marcas do mar em nível superior ao atual eram nada além do que comprovação da literalidade do relato do dilúvio que aparece no livro do Gênesis da Bíblia. Por isso, esses naturalistas são conhecidos como "diluvianistas apologéticos", que se empenharam profundamente em combater o sistema de Galileu, retrocedendo para o que seria o "sistema de verdade única". De fato, em 1801, foi criada uma academia[77] no Vaticano para enfrentar qualquer questionamento da verdade bíblica ante as evidências coletadas pela ciência, tornando a doutrina católica mais ortodoxa[78].

De outro lado, os "geólogos modernos", vistos por alguns "diluvianistas apologéticos" como ver-

---

[76] GAUDANT, J. La querelle des trois abbés (1793-1795): le débat entre Domenico Testa, Alberto Fortis et Giovanni Serafino Volta sur la signification des poissons pétrifiés du Monte Bolca (Italie). In: TYLER, J. (a cura di) «Miscellanea Paleontologica», VIII. Verona: Museo Civico di Storia Naturale, 1999, p. 159-206.

[77] Trata-se da *Pontificia Accademia di Religione Cattolica*, fundada pelo sacerdote Giovanni Fortunato Zamboni em 1801, com o objetivo declarado de defender as doutrinas dogmática e moral da Igreja Católica, vistas como ameaçadas pelas ideias inovadoras da Revolução Francesa. Foi formalmente reconhecida pelo papa Pio VII e sucessivos papas lhe emprestaram apoio. Em 1934, foi incorporada à Pontifícia Academia Romana de Tomás de Aquino, fundada em 1879.

[78] Teólogos protestantes utilizam a expressão "catolicismo anti-iluminismo" para designar a fase inicial do que chamam de "catolicismo reacionário", que teria perdurado de 1790 até o Concílio Vaticano II, na primeira metade dos anos 1960.

dadeiros inimigos da religião, insistiam nos métodos da ciência defendidos por Galileu, ou seja, se negavam a iluminar as evidências empíricas, por exemplo, os fósseis marinhos encontrados em montanhas, com o texto bíblico, procurando comprová-lo. Ao contrário, buscavam entender as evidências por métodos puramente racionais, buscando conciliar os dois relatos, entendendo que a grande obra da natureza e as sagradas escrituras tinham tido um mesmo autor. Aos cientistas, que à época eram chamados filósofos naturais (o nome "cientista" só seria cunhado no século seguinte), cabia entender essa grande obra em sua complexidade, até mesmo por uma questão de respeito.

Muitos desses cientistas do século XVIII tinham vínculos eclesiásticos, estudaram em seminários católicos, mas tornaram-se abades, e não padres. Era o caso do abade Lazzaro Spallanzani (1729-1799), que realizava experimentos que colocavam em dúvida importantes conclusões de Aristóteles, como a possibilidade de geração espontânea. Tais cientistas, mesmo abades, não eram remunerados pela Igreja e desenvolviam suas atividades de diferentes formas, inclusive como professores universitários, caso de Spallanzani. Outros não tinham essa mesma inserção, não possuíam vínculos eclesiásticos e trabalhavam como professores em escolas ou em funções remuneradas no serviço público. Giambattista Brocchi (1772-1826), por exemplo, era professor de Química na cidade de Brescia, na Itália, quando foi convidado a integrar uma importante comissão de fiscalização da atividade mineradora. Tanto num caso como no outro, o estudo da natureza era feito com as ferramentas da jovem ciência, e não com os dogmas sagrados da Teologia. Esse era o principal legado de Galileu para os cientistas do século seguinte ao seu.

A atividade de estudar conchas, que pode parecer quase que um passatempo pouco excitante, era, na época, atividade extremamente importante, que poderia comprometer a defesa da literalidade da leitura do Gênesis, ou, por outro lado, trazer evidências adicionais para a comprovação da verdade do dilúvio bíblico. As conchas fósseis encontradas em montanhas eram tidas por alguns como provas irrefutáveis de que o mar tinha subido, alagando todas as terras, exatamente como dizia o relato bíblico. Outros, ao contrário, afirmariam que muitas pertenciam a espécies extintas, diferentes das atuais. Isso acrescentava um grande problema, pois a cronologia literal bíblica passava a ser questionada.

A extinção, além de não ser explicada pelo relato bíblico, implicava pensar em uma escala de tempo muito dilatada, incompatível com a cronologia teológica. Isso explica, por exemplo, a imensa oposição da Igreja Católica quando Giambattista Brocchi concluiu que a existência das espécies, no tempo geológico, é similar à existência dos indivíduos, com um nascimento, amadurecimento e morte. Tendo estudado as conchas fósseis das montanhas próximas a Florença, ele percebeu que diversas espécies não guardavam correspondência com a fauna atual, o que o levou a formular a hoje chamada "analogia de Brocchi". Para alguns, trata-se de um precursor importante da teoria evolutiva[79]. Seu livro sobre as conchas fósseis dos Apeninos, publicado em 1814, ao mesmo tempo que lhe rendeu elogios de grandes autoridades científicas da época, recebeu pesadas críticas de teólogos de peso, reunidos na Pontificia Accademia di Religione Cattolica, do Vaticano. Brocchi se perguntava:

---

[79] Ver por ex. DOMINICI, S. Brocchi's Subapennine Fossil Conchology. *Evolution:* education and outreach, 2010, 3: 585-594, e, DOMINICI, S. & ELDREDGE, N. Brocchi, Darwin and transmutation: phylogenetics and paleontology at the dawn of evolutionary biology. *Evolution:* education and outreach, 2010, 3: 576-584.

> Por que, portanto, não se pode admitir que as espécies possam perecer como os indivíduos, e que tenham, ao par deles, um período fixo e determinado para a sua existência? Isso não deve parecer estranho, dado que nada está em estado estático em nosso globo, e que a natureza se mantém ativa com um círculo perpétuo e com uma perene sucessão de mudanças.[80]

Essa visão dinâmica, como constatamos, deriva diretamente da visão aristotélica da natureza, na qual o movimento era tido como uma característica inerente às coisas. Como vimos, Aristóteles era tributário do legado da concepção dinâmica que nutrira seu mestre, Platão. De fato, pela filosofia de Heráclito (540-480 a.C.), é impossível entrar duas vezes no mesmo rio, dado o fluxo de suas águas, pois tudo se encontra continuamente em movimento – a água de um dia será diferente daquela de outro. Um de seus discípulos, Crátilo, levava ao extremo essa visão, dizendo ser impossível entrar e sair de um mesmo rio, pois ao retornar à margem encontramos água diferente daquela que tocamos na entrada. Heráclito dizia que o tempo que despendemos para nomear as coisas é maior do que o tempo que elas próprias levam para se modificar, de maneira que, ao encontrar um nome para uma coisa, ela já é outra e não mais a mesma. Assim, nossa percepção está diante de um fluxo perpétuo, o que, para alguns, inviabilizaria a geração de conhecimento a partir de nossas sensações. A saída para esse aparente paradoxo foi encontrada por Platão em outro filósofo, Parmênides, que dizia que o conhecimento verdadeiro só poderia ser originado da razão.

---

[80] BROCCHI, G. *Conchiologia fossile subappennina con osservazioni geologiche sugli Appennini e sul suolo adiacente.* Milão: Giovanni Silvestre, 1843 [1814], 2 v., v. 1, p. 400.

A dinâmica da natureza era, portanto, parte de um legado antigo e bem estabelecido, não podendo ser entendido como fator distintivo do pensamento evolutivo. O que havia, então, de tão inovador no pensamento evolutivo proposto por Charles Darwin? Para responder à questão, antes de falar especificamente da obra de Darwin, é preciso entender outro importante legado da filosofia grega, que foi incorporado à tradição ocidental de maneira muito profunda: a doutrina do "finalismo", a qual admite a "causalidade do fim", no sentido de que a finalidade de um objeto é a causa de sua existência.

O finalismo se funda em duas teses: 1) o mundo está organizado visando certa finalidade; 2) a explicação de todo acontecimento do mundo consiste em descobrir a finalidade para a qual está dirigido. Como vimos, trata-se de outra característica do pensamento aristotélico, que afirmava que tudo o que existe tem uma finalidade, chegando à generalização de que a totalidade do universo está subordinada a um mesmo fim, que seria Deus, de quem dependeria, em última instância, a ordem e o movimento do universo[81]. As estrelas demonstravam ter movimentos circulares, e o círculo era, por princípio, uma expressão da perfeição divina.

De fato, a suposição de que o movimento de todos os astros fosse circular perpassou, como vimos no capítulo anterior, as mais diversas cosmologias, até Kepler. A ideia de perfeição do círculo, pelo menos desde Platão, estava profundamente arraigada na mentalidade ocidental. Essa perfeição ligada a uma entidade divina está na base dos mais diversos sistemas filosóficos e teológicos. De fato, Tomás de Aquino destacou que a teologia se dividia em natural e revelada. De um lado, era necessário acreditar, ter

---

[81] V. ABBAGNANO, N. *Op. cit.*, p . 556-559.

fé naquilo que a doutrina diz e que não é observável; por exemplo, a existência de Deus, de Jesus Cristo e do Espírito Santo. Trata-se de uma verdade revelada, que se contrapõe à Teologia Natural, que permite uma abordagem racional, guiada pelo método filosófico. A observação da natureza nos revela elementos perfeitos, desde a proporção áurea das conchas dos caracóis, da morfologia dos insetos, da cor das flores, até o ajuste perfeito entre o tamanho das flores a serem polinizadas e dos insetos polinizadores. Observar essa perfeição em seus detalhes seria, para Tomás de Aquino, uma forma de comprovar a existência de Deus, pois apenas um ser perfeito poderia criar algo perfeito. Os estudos universitários de Darwin incluíram, como veremos a seguir, um dos mais importantes teólogos anglicanos, que escreveu justamente sobre a perfeição da criação divina a partir de uma releitura de Tomás de Aquino.

Os conceitos de perfeição e de finalidade serão centrais para compreender como o pensamento darwiniano se contrapôs a uma longa tradição ocidental, desde a filosofia de Platão e Aristóteles até a Teologia Natural de seu tempo.

A visão dinâmica de Darwin: o fim do finalismo na ciência

Darwin concluiu seus estudos na Universidade de Cambridge no início da década de 1830, onde teve contato com a obra de William Paley (1743-1805)[82] sobre Teologia Natural, e se empenhara, com a orientação de ministros anglicanos, em estudos relacionados a Botâ-

---

[82] William Paley formou-se no Christ's College (o mesmo em que Darwin estudou) em 1763 e escreveu livros sobre Teologia que se tornaram leitura obrigatória até o século XX, como *A View of the Evidence of Christianity* (1794) e *Natural Theology; or, Evidences of the Existence and Attributes of the Deity, Collected from the Appearances of Nature* (1802).

nica e Geologia. Darwin aprendera que, ao andar por uma floresta e encontrar um relógio caído no chão, pode-se concluir com certeza que ele pertencia a alguém. Seu mecanismo interno dirá muito daquele que o criou e construiu. Mas a floresta é, também, de certa forma, uma criação e seus mecanismos internos nos dizem muito da mente de seu criador. Essa será a base da famosa "analogia do relojoeiro", criada por Paley[83].

Em 1831, Darwin recebeu um convite para participar de uma viagem ao redor do mundo e, quase cinco anos depois, ele está de volta à Inglaterra, onde elaborava explicações para a grande coleção de fatos geológicos e biológicos recolhidos na viagem empreendida a bordo do *Beagle*, correlacionado-os com os disponíveis na literatura.

Já durante a viagem, ele começou a colecionar anotações em cadernos que ganharam pensamentos e reflexões ao longo de vários anos e que permanecem até hoje como fontes de pesquisa do processo criativo. É interessante notar que há registros de ideias das quais Darwin discordou diametralmente anos depois, por exemplo, sobre o ritmo da evolução. Em seu famoso "caderno vermelho", ele escreveu que a origem das espécies só poderia ser um processo repentino, utilizando até mesmo uma expressão latina. Ele escreveu que as espécies novas deveriam surgir *"per saltum"*, em provável referência invertida ao conhecido adágio latino *"Naturae non facit saltum"*. Vinte anos depois, ele mudou de ideia e se convenceu do contrário, ou seja, não haveria mesmo saltos na história da formação das espécies. O período que se segue a seu retorno é conhecido como "os criativos anos londrinos", nos quais um Darwin solteiro frequentou os círculos intelectuais conhecidos de seu admirado irmão mais velho e travou contato com ideários liberais avançados.

---

[83] E que Richard Dawkins perverterá no título de seu livro *O relojoeiro cego*.

Foi nesse período que iniciou seu "Caderno E", escrito entre outubro de 1838 e julho de 1839, no qual fez uma primeira sistematização de suas ideias, registrando três princípios: 1) os netos se parecem com os avós; 2) há uma tendência à mudança nas características dos seres vivos; e 3) há superfertilidade, ou seja, o poder de reposição dos seres vivos é muito maior do que aquele suportado pelo ambiente.

Embora Darwin seja conhecido sobretudo pela formulação do mecanismo evolutivo denominado "seleção natural", ele elaborou um sistema muito amplo e complexo de reflexões teóricas. Aquilo que passou a ser chamado de "programa adaptacionista", ou seja, o estudo das adaptações particulares que ajustam as espécies a seu habitat, é, em verdade, uma onda tardia, que alguns historiadores localizam muito claramente no século XX, e não no anterior. O conjunto de pesquisas incentivado por Darwin se referia menos a identificar adaptações e mais a traçar filogenias, ou seja, relações de parentesco, marcas de ancestralidade.[84]

O primeiro registro de um sistema articulado de ideias, que inclui referência explícita ao mecanismo da seleção natural, aparecerá apenas em 1842, em um resumo que escreveu entre maio e junho, quando visitava a casa de seus sogros. Ao longo de 35 páginas, com cerca de 15 mil palavras, deu continuidade às ideias de seu "Caderno E" e desenvolveu a noção da seleção natural como mecanismo modulador das inovações decorrentes da tendência a variações. Assim como os criadores de animais e plantas selecionam, a cada geração, as variações que mais lhes interessam, reservando a elas a oportunidade de deixar

---

[84] V. CAPONI, G. *La segunda Agenda Darwiniana*: contribución preliminar a una historia del programa adaptacionista. Cidade do México: Centro de Estudios Filosóficos, Políticos y Sociales Vicente Lombardo Toledano, 2011, p. 197.

descendentes, também na natureza isso ocorre com as melhores variações que surgem a cada geração. A simplicidade do mecanismo de seleção natural dependia, contudo, da confirmação da extensão do tempo geológico. As pequenas alterações na proporção de indivíduos só poderiam se acumular a ponto de originar uma nova espécie se o processo se repetisse por milhares de gerações.

Nada indica, no entanto, que a imagem de adaptação tivesse deixado o plano da perfeição divina, presente já em suas formulações iniciais. De fato, desde esse primeiro ensaio de 1842, é evidente a função desbastadora da seleção natural, como que a eliminar os imperfeitos. A variação seria resultado de influências ambientais e as inovações desvantajosas seriam eliminadas pela seleção natural. A origem das espécies dependeria, sobretudo, de barreiras geográficas, que manteriam separadas populações por longos períodos, sob a ação de climas diferentes.

Ao que tudo indica, esse ensaio foi esquecido, pois Darwin não fez referência a ele em momentos nos quais colecionava seus primeiros escritos, que foram cuidadosamente guardados, como seus cadernos de anotações. De fato, em 1844, Darwin escreveu um ensaio mais longo, com cerca de 52 mil palavras, planejado para publicação em caso de morte súbita. Ele tinha pedido que sua esposa o guardasse, deixando instruções precisas do que fazer para publicá-lo. Esse ensaio já continha a estrutura básica que seria adotada mais adiante em *A origem das espécies*, pois se iniciava com a discussão da domesticação, a modificação das espécies realizada conscientemente pelo ser humano, por meio da seleção de formas diferentes a cada geração. O ensaio discutia em seguida a variação das espécies no estado selvagem e as raças domésticas, tema que acompanharia Darwin por diversas décadas.

A domesticação cria espécies novas? Esta era a pergunta do momento, e diversos hibridistas trabalhavam ativamente na questão, inclusive do ponto de vista experimental. O instinto animal era o tema seguinte, dado que a reprodução animal dependia, sobretudo, da disposição voluntária do acasalamento. Esse seria outro tema no qual Darwin trabalharia por décadas, entendendo que nada mais estranho havia do que um casal confinado em um espaço como uma jaula ou um aquário, e que não se reproduz. O que refreia o instinto de superpopulação dos animais? Por que razão os pandas não se reproduzem como coelhos? Essa era outra das questões que acompanhariam Darwin por diversos anos, encontrando respostas muito originais. O ensaio ainda discutia a ausência de formas intermediárias no registro fóssil, um tema de particular importância.

Sua ideia básica era a de que uma barreira geográfica poderia dividir uma população em duas, que passariam a ter existências independentes. Se, ao longo de uma sucessão de períodos, mudassem as condições às quais cada uma das subpopulações estivesse exposta, as respostas induzidas em cada uma delas seriam diferentes, e a seleção natural eliminaria as formas que não estivessem perfeitamente adaptadas às novas condições. Assim, com o tempo, a seleção natural seria responsável por eliminar as formas imperfeitas, impedindo que elas deixassem suas características nas novas gerações, o que aceleraria o processo de mudança. A partir de certo momento, essas modificações se acumulariam até o ponto em que indivíduos das duas subpopulações não mais se reconheceriam e poderiam então ser considerados seres de espécies diferentes. Em 1844, Darwin já tinha uma ideia muito precisa da escala do tempo geológico, sabendo que ele seguramente excedia centenas de milhões de anos. Essa ideia já estava solidamente enraizada na base conceitual de

Darwin pelo menos desde 1835, quando ele descobrira a floresta petrificada de Villavicencio, nas proximidades de Uspallata, na atual Argentina[85].

Havia uma primeira ruptura nessa forma de pensar, dado que, se os criadores de animais selecionavam as formas que mais lhes interessavam, eles certamente tinham um fim. O maior cachorro de cada geração, por exemplo, poderia ser escolhido para dar origem a uma nova forma com a finalidade de ser um bom cão de guarda. O menor cão de cada geração poderia ser escolhido com a finalidade de desenvolver uma raça com a finalidade de caçar ratos, por exemplo. Assim, na domesticação era válido o finalismo aristotélico, no qual a finalidade explicava a própria existência do ser. Mas o que dizer dos seres vivos selvagens, não domesticados? Suas formas revelariam alguma finalidade? A resposta de Darwin era enfática no sentido negativo: as formas revelavam parentesco, mas não finalidade. A origem das espécies era devida a uma combinação de circunstâncias, mas não era resultado de um propósito, de uma finalidade. Em suma, o finalismo, a teleologia, deixava o campo científico e passava a ser útil apenas na teologia, quadro que permanece inalterado até nossos dias.[86]

A imperfeição na natureza: a ruptura com a Teologia Natural

Duas características importantes do pensamento darwiniano desse período podem ser evidenciadas. Uma delas é a importância das condições geológicas.

---

[85] V. BIZZO, N.; L. E. BIZZO. Charles Darwin in the Andes. *Journal of Biological Education*, 2006, 40: 68-73.
[86] O finalismo foi um dos maiores obstáculos para o estabelecimento da biologia evolutiva e é "atualmente reconhecido como inútil em todos os campos da explicação científica", e se resume a uma das tantas "esperanças ou ilusões para as quais apela o homem na falta de procedimentos eficazes ou em substituição a eles". Cf. ABBAGNANO. *Op. cit.*, p. 95.

Suas alterações seriam os fatores desencadeantes das modificações dos seres vivos. Um ambiente estável, com seres vivos perfeitamente adaptados, não presenciaria evolução (ou "transmutação", como se dizia à época) das espécies. A dinâmica da natureza, as constantes "revoluções do globo", como as chamavam os geólogos "modernos", desde Spallanzani e Brocchi, eram amplamente admitidas. Restava controvérsia sobre seu ritmo, que poderia ser de alguns poucos milhões de anos ou centenas de milhões de anos, mas seguramente já havia um consenso sobre uma imagem moderna de tempo geológico. A outra característica marcante desse período é a herança das características adquiridas, uma ideia que, erradamente, se tem atribuído a outros pensadores, apresentados como oponentes de Darwin e da seleção natural. As mudanças no ambiente induziriam modificações nos seres vivos e isso faria parte de um mecanismo dinâmico de ajuste, cuja consequência seria justamente a modificação da proporção dos diferentes tipos de indivíduos em uma população.

A indução do ambiente era explicada por Darwin por meio de uma teoria sofisticada, que ele só iria publicar em 1868, a teoria da pangênese (v. adiante). O que é realmente importante, para fins deste capítulo, é o fato de a seleção natural ter, até este momento, um papel secundário em relação à indução do ambiente sobre os seres vivos, que lhes provocaria alterações que passariam a ser hereditárias. Essas mudanças não tinham uma finalidade, mas deveriam ser herdadas, caso contrário as novas gerações nasceriam mal adaptadas, ou seja, expostas à eliminação pura e simples. Por exemplo, o esfriamento climático provocaria o aparecimento de seres vivos mais peludos ou mais resistentes ao frio. Seus descendentes deveriam herdar tal característica, caso contrário as formas juvenis morreriam de frio logo ao nascer. O registro fóssil deveria, portanto, se perfeito fosse, documentar as formas com poucos pelos e as formas peludas. Mas os pelos não deixam marcas ordinariamente nos fósseis, de tal forma que seria impossível pretender encontrar todas as formas intermediárias neles. Mesmo assim, havia dificuldades, pois as mudanças facilmente registráveis de tamanho, por exemplo, tampouco podiam ser acompanhadas por algum tipo de continuidade do registro fóssil. Sua falta, ou mesmo sua natureza lacunar, permanecia uma grande dificuldade para a teoria[87].

Em algum momento no início de 1857, ocorre a Darwin pensar que os organismos podem não estar perfeitamente adaptados ao meio ambiente. Isso explicaria espécies de alta valência ecológica, ou seja, formas que podem suportar condições ambientais muito diversas. Os próprios animais do zoológico de Londres, que Darwin frequentava, sobreviviam em um clima muito diferente daquele ao qual estavam acostumados. O urso polar suportava verões quentes, completamente diferentes dos do Ártico. Os macacos, que impressionavam tanto os visitantes londrinos, viviam em florestas tropicais, mas suportavam os frios invernos ingleses. A alternância da duração de dias e noites era outra notável diferença que os animais de baixas ou altas latitudes deveriam suportar. Muitos animais e plantas, aliás, viviam muito bem em condições ambientais profundamente diferentes, do pardal aos ratos e ao dente-de-leão. Esses exemplos de espécies ditas cosmopolitas comprovavam que os seres vivos estão apenas parcialmente adaptados ao seu meio. Da mesma forma como eles se modificam, as condições ambientais também o fazem, de tal forma que talvez a situação mais comum fosse diametralmente oposta à inicialmente admitida, ou seja, os

---

[87] PATTERSON, H. The competitive Darwin. *Paleobiology*, 2005, 31 (2, supplement): 56-76.

seres vivos estão *parcialmente adaptados* ao meio de maneira permanente.

Em outras palavras, os seres vivos não eram perfeitos, o que contrariava toda a tradição teológica cristã desde Tomás de Aquino. Quando Darwin concebera a seleção natural, ele se encontrava em meio a uma onda "perfeccionista" sem precedentes na Inglaterra, que incluíra a publicação de uma coleção de tratados escritos com o propósito específico de comprovar a existência de Deus a partir de sua obra. Essa coleção tinha o nome de *Os tratados de Bridgewater na sabedoria, poder e bondade de Deus, que se manifesta na criação* e seus autores tinham sido escolhidos meticulosamente dentre os maiores especialistas de suas áreas. O reverendo anglicano Francis Henry Egerton, conde de Bridgewater (1756-1829), deixou em seu testamento uma pequena fortuna para a publicação de livros que mostrassem como a ciência poderia apontar inteligência divina nos mais variados campos. Os fundos estariam à disposição do presidente da Royal Society de Londres, que escolheria os autores e comporia um projeto editorial, cujos lucros de venda deveriam reverter para cada autor selecionado. Em 1833, começaram a ser publicados os volumes desse projeto editorial de grande envergadura, que envolveu a Royal Society e altas autoridades eclesiásticas anglicanas, tendo a Teologia Natural de Paley como grande inspiração. Os autores selecionados eram pessoas de muito destaque no meio anglicano (como o reverendo Thomas Chalmers [1780-1847], que posteriormente será responsável pelo cisma da Igreja da Escócia, em 1843) e científico (como John Kidd, [1775-1851] e William Buckland [1784-1856], professores da Universidade de Oxford), além de médicos de prestígio, como Charles Bell (1774-1842), que descobrira a distinção entre nervos motores e sensitivos. Este escreveu um tratado apenas sobre a mão humana[88], mostrando a perfeição de cada detalhe[89].

Ao se desvencilhar dessa "onda perfeccionista", quase vinte anos depois, Darwin sabia que esse pensamento inovador era francamente herético nos círculos anglicanos. Contudo, ele fazia a seleção natural ganhar importância, pois ela passaria a atuar permanentemente. A herança das características adquiridas se manteria importante no conjunto do sistema darwiniano, mantendo seu papel de estímulo a modificações induzidas pelo ambiente nos seres vivos. Finalmente, a descontinuidade do registro fóssil poderia deixar de configurar problema, pois possivelmente não haveria uma mudança constante e unidirecional a documentar. As descontinuidades seriam a norma e não a exceção na história geológica, o que evidenciaria, consequentemente, a adaptação apenas parcial das espécies ao ambiente.

Essa mudança na maneira como Darwin concebia a evolução pode ser percebida claramente em seus manuscritos do período[90]. Ao mesmo tempo que escrevia o capítulo sobre seleção natural naquele que deveria ser seu grande livro, passou a conjecturar abertamente sobre a possibilidade da adaptação parcial e suas consequências. Daí resultou a concepção de um mecanismo que ele denominou "princípio da divergência", talvez sua única ideia original após seus criativos anos londrinos, e sua verdadeira ruptura com as visões teológicas de perfeição. Em suma, Darwin acabava de conceber um mecanismo que nada devia a uma tradição teológica, um genuíno mecanis-

---

[88] *The Hand:* its mechanism and vital endowments as evincing design (1834).
[89] O movimento atual denominado *"intelligent design"* apenas atualiza, com contextos moleculares e bioquímicos, esse projeto editorial concebido no testamento do conde de Bridgewater em 1825, com base no livro de Paley, de 1802.
[90] BIZZO, N. Darwin e a evolução humana: desfazendo alguns mitos. *Ciência & Ambiente*, 2008, v. 36, p. 23-36.

mo, em sentido laico[91]. Esse princípio permitia explicar descontinuidades das espécies, tanto no espaço – como nas encostas das montanhas e suas zonas de vegetação – como no tempo – com a sucessão de camadas sedimentares fossilíferas. Isso tornaria as lacunas do registro fóssil não apenas eventos assimiláveis, mas até mesmo previsíveis pela teoria.

É interessante que o princípio da divergência tenha ocorrido a Darwin em pleno processo de redação de sua síntese. Isso nos remete a um contexto de inovação pouco reconhecido, no qual a sistematização do escrever parece ter papel importante na criação científica. Ao numerar as páginas em seu manuscrito, Darwin revelou que estava relendo algo que já fora escrito. Tratar-se-ia nitidamente de uma revisão, que revelara um detalhe importante a ser considerado. Ao inserir uma folha, e para não confundir a sequência, repetiu o número da página e acrescentou apenas uma simples letra, o que revela sua expectativa de acrescentar pouca coisa. No entanto, ele esgotou o alfabeto e passou a duplicar as letras, até que escreveu 47 meias-páginas. Claramente, ele passou a perceber que estava lidando com uma questão mais importante do que pensava até aquele momento. É bem possível que Darwin estivesse inclusive ensaiando a redação de uma seção específica sobre a espécie humana, mas que a extensão da inserção e outros eventos o tenham dissuadido da empreitada.

A adaptação parcial dos seres vivos implicava eliminação mais frequente, a qual seria perfeitamente possível diante da superfertilidade dos seres vivos. O efeito cumulativo das imperfeições adaptativas com a própria dinâmica ambiental possibilitaria irregularidades biológicas, que deporiam contra a ideia de um gradualismo constante nas mudanças dos seres

---

[91] OSPOVAT, D. *The Development of Darwin's Theory*. Cambridge: Cambridge University Press, 1993.

vivos. Além disso, o princípio da divergência abria um novo campo de reflexões, pois era bem sabido que muitas espécies se mantinham separadas em ambientes que não tinham nenhuma evidência de separação geográfica.

A origem de espécies em ambientes contínuos era outra grande dificuldade nas formulações iniciais de Darwin, que necessitava de isolamento geográfico. Ele poderia acrescentar uma nova maneira de formação de espécies, pois a ação constante da seleção natural abriria continuamente novas oportunidades de ocupação de áreas no ambiente. Assim, "manchas" de indivíduos diferentes, subpopulações diferenciadas, poderiam aparecer como decorrência dessa adaptação parcial dos seres vivos, aliada a variações sazonais e oscilações nas populações. Em essência, essas ideias básicas se mantêm ainda muito atuais, acreditando-se que o isolamento reprodutivo não seja dependente apenas de isolamento geográfico.

Por uma série de razões, Darwin teve de interromper a redação de seu longo manuscrito quando estava escrevendo sobre esse novo mecanismo. Meses depois, ao reassumir a tarefa de redação, ele vivia situação completamente diferente, inclusive do ponto de vista emocional, e deixaria de lado seu princípio da divergência, sem dar-lhe o destaque que tudo indicava merecer. Em vez de expandir seu sistema de ideias, ele decidiu resumi-las a fim de assegurar a precedência da autoria da seleção natural, que uma correspondência recém-chegada do arquipélago malaio indicava estar prestes a ocorrer. Uma breve nota sobre a seleção sexual no mesmo capítulo sobre seleção natural indicava que a publicação de 1859 continha algumas ideias básicas que Darwin esperava desenvolver no futuro. De fato, suas publicações seguintes, malgrado seu precário estado de saúde, comprovam essa possibilidade. O rompimento com o finalismo e com a perfeição da natureza, com a certeza de um mundo perfeito, parece ter aberto um novo e profícuo campo de trabalho, ao mesmo tempo que provocava iradas reações em várias partes do mundo, que tratavam de algo que não aparecia tão explicitamente em seu livro de 1859: a evolução da espécie humana.

A evolução e o ser humano

Quando a publicação do livro de Charles Darwin foi anunciada, durante uma reunião da Associação Britânica para o Progresso da Ciência (BAAS), seção C, Geologia, no dia 18 de setembro de 1859, o famoso geólogo Charles Lyell (1797-1875) afirmou que o trabalho de Charles Darwin "lançaria luz" sobre o "misterioso e complicado assunto" da origem das espécies. O jornal literário *The Athenaeum*, na edição de 24 de setembro, trazia as observações em detalhe. De início, apresentava a informação de que, no começo da sessão, o professor Lyell tomou assento, mas aguardou a chegada do príncipe consorte Albert para a abertura dos trabalhos. Ao final, asseverou ser a antiguidade da raça humana o assunto que mais chamava a atenção dos geólogos e do público em geral, alimentando a expectativa de que o livro viesse, de fato, a tratar do assunto.

Restos humanos tinham sido achados junto a ossadas de animais extintos, no interior de cavernas. Porém, Charles Lyell achava duvidoso acreditar que todos eles tivessem a mesma idade. Ao relatar sua visita à França para examinar restos humanos encontrados em Le Puy-en-Velay, concordou inteiramente com a autenticidade do achado, assim como aceitou a opinião de osteologistas da época, segundo os quais os ossos não pertenciam a nenhum tipo europeu ou caucasoide moderno. Todavia, como o exame não pôde realizar-se *in situ* e os restos foram recolhidos sem registro acurado de sua posição original, ele não tinha elementos para confirmar a datação do achado. Então, dizia Lyell:

> Entre os problemas de alto interesse teórico que os recentes avanços da História Natural e da Geologia têm trazido à tona, nenhum é mais importante, e ao mesmo tempo obscuro, do que aquele relacionado com a origem das espécies. Sobre este difícil e misterioso assunto, um trabalho irá aparecer brevemente, escrito pelo sr. Charles Darwin, como resultado de vinte anos de experimentos e observações em Zoologia, Botânica e Geologia, através do qual ele foi levado à conclusão de que os processos que dão origem às raças e variedades são os mesmos que, em espaços de tempo muito maiores, produzem as espécies e, em espaços de tempo ainda maiores, dão origem a gêneros. A mim me parece que ele conseguiu, através de suas investigações e pensamentos, ter lançado alguma luz sobre as diversas classes de fenômenos que estão ligados às afinidades, distribuição geográfica e sucessão geológica dos seres vivos. Nenhuma outra teoria jamais conseguiu, e nem mesmo tem tentado, resolver esse problema.[92]

Naquela sessão – e posteriormente no artigo –, discutindo a origem do ser humano, a contemporaneidade dos restos humanos com os de animais extintos, Lyell chamava a atenção para o assunto mais candente do momento na Inglaterra. A apresentação do trabalho de Darwin como aquele que lançaria luz sobre essa questão se transformava, sem dúvida, em uma das maneiras mais eficientes de chamar atenção

---

[92] O artigo de C. Lyell foi publicado na edição 1665, de 24 de setembro de 1859, do jornal literário *The Athenaeum*, p. 403-404.

para a obra. Contudo, o interesse de Lyell não deveria ser meramente mercadológico. Como Darwin abordava a questão de um ponto de vista teórico, nada impedia que suas conclusões pudessem ser estendidas a todos os seres vivos sem exceção, não havendo, pois, justificativa razoável para excluir a espécie humana.

A primeira resenha de *A origem das espécies*, às vésperas do seu lançamento, recolocaria o problema da origem das espécies na esfera humana. No sábado, 19 de novembro de 1859, aparece uma resenha de cinco colunas, muitíssimo bem escrita, no mesmo jornal literário *The Athenaeum*. O autor se perguntava, com destilada ironia: "Se um macaco se tornou um homem, o que um homem não poderia se tornar?"[93]

É bem conhecida a frase da parte final de *A origem das espécies*: "Luz será lançada sobre a origem do homem e sua história"[94]. Para muitos, essa frase seria análoga à *"Eppur si muove"*, atribuída a Galileu. Tendo passado ao largo das questões relativas ao ser humano em seu livro, e sabedor das críticas que receberia justamente pelas conjecturas e inferências que atingiriam a espécie humana, Darwin deixava claro que estava disposto a enfrentá-las.

De certa maneira, havia uma forte expectativa de que as novidades produzidas pela jovem "Ciência", e não mais pela antiga "Filosofia Natural", repercutissem diretamente em nosso cotidiano, da mesma forma como a técnica e seus prodigiosos artefatos vinham fazendo, em especial após a Revolução Industrial na Inglaterra. Logo antes da publicação do livro, um jovem zoólogo que tinha recebido um exemplar de uma edição especial pré-lançamento, Thomas Henry Huxley (1825-1795), escreveu a Darwin dizendo que

---

[93] *The Athenaeum*: 1673, 19 nov. 1859, p. 659-660.
[94] A frase "Light will be thrown on the origin of man and his history" está estampada à página 488 da edição original de 1859. Ela se refere aos progressos da psicologia e das possibilidades de explicação da aquisição "necessariamente progressiva" das faculdades e aptidões mentais humanas.

reações indelicadas eram altamente prováveis, mas que esperava que não fossem capazes de perturbá-lo. Mas ele adiantava que estava "afiando as garras" para defendê-lo assim que tais reações aparecessem.

Assim, deve-se considerar a existência de um clima de bastante expectativa em torno de teorias provenientes dos estudos de História Natural que pudessem lançar luz sobre a questão humana. Qualquer publicação referindo-se às "espécies" seria entendida como ligada ao "homem". Afinal, poder-se-ia afirmar que, se *A origem das espécies* não foi escrito pensando no ser humano, certamente foi lido por quem estava pensando no ser humano. Não seria demais notar que, em 1863, Charles Lyell publicaria *The Geological Evidence of the Antiquity of Man*, livro que teve nada menos do que três edições naquele mesmo ano. O livro se tornou uma referência importante em seu tempo e mesmo meio século depois, em 1914, logo após a descoberta do "homem de Java", quando ganhou uma edição revisada.

De fato, as críticas foram imediatas e tomaram a forma de resenhas longas, ácidas, extremamente críticas, algumas delas irônicas, e as mais contundentes eram anônimas. A seleção natural foi tratada ironicamente como "versão homeopática da teoria da transmutação" – como era chamada a evolução. Uma dessas resenhas anônimas, que ocupava muitas páginas de um jornal literário, era tão contundente e elogiava tanto os trabalhos do então presidente da Associação Britânica para o Progresso da Ciência (BAAS), Richard Owen (1804-1892), que poucos duvidaram ser ele mesmo seu verdadeiro autor. Não surpreendia, portanto, que a programação da reunião anual da BAAS imediatamente seguinte incluísse, como convidado especial, ninguém menos do que o bispo de Oxford, Samuel Wilberforce (1805-1873), que assinara uma resenha extremamente crítica ao livro de Darwin.

As polêmicas em torno de *A origem das espécies*

Em 30 de junho de 1860, a conferência de Wilberforce se tornou mitológica diante da grande variedade de descrições do que lá ocorreu, que misturam lendas e fatos em proporções incertas. O mais famoso e difundido desses relatos diz que, a certa altura, o bispo Wilberforce foi interpelado por Huxley sobre seus conhecimentos de anatomia zoológica, e ele teria replicado perguntando, ironicamente, se Huxley descendia de um macaco por parte de pai ou de mãe. O jovem zoólogo teria respondido que, se tivesse de escolher seu pai entre um ser ignóbil, que usa suas altas faculdades mentais para obscurecer a verdade, e um pequeno e valente macaco, ele preferiria este último. Nesse momento, segundo um dos relatos, uma senhora teria desmaiado. Se isso for verdade, não seria de espantar que fosse a mãe de Huxley, sob os efeitos dos primeiros pensamentos práticos do que teria sido necessário para satisfazer as aspirações do filho pródigo.

Há diversas evidências de que esse relato tenha adquirido conotações fantasiosas e distorções fatuais para além do simples exagero. A começar pelo testemunho do desmaio da suposta senhora: ele surgiu na seção de cartas de um jornal em 1898, exatos 38 anos depois! O debate existiu de fato e, com certeza, serviu para tornar Thomas Huxley muito conhecido e admirado nos círculos científicos. Mas o fato essencial, para fins de nosso argumento, é que ele catalisou uma abordagem explícita sobre o que se poderia esperar das aplicações das teorias biológicas à origem do homem.

O debate parece ter precipitado a decisão de Huxley de publicar seu primeiro livro, *Man's Place in Nature*, que veio a público em janeiro de 1863, e que seria intensamente republicado e vendido nos quarenta anos seguintes[95]. Para muitos, ele teria sido justamente seu primeiro e melhor livro, inaugurando a abordagem explícita, a partir de métodos práticos, de lançar luz sobre a origem da espécie humana e sua história. Seu uso da anatomia comparada era muito consistente e se contrapunha aos métodos de Richard Owen, que tinha publicado a primeira descrição meticulosa do esqueleto de um chimpanzé na Inglaterra em 1835 e que restara como sucessor inglês do poderoso Georges Cuvier (1769-1832). Mais importante, esse livro reforçava a vertente de divulgação científica que pretendia envolver o grande público nos debates da pesquisa científica do momento.

É de certa forma surpreendente que os grandes símios africanos e do sudoeste asiático ainda fossem matéria de controvérsias à época da publicação do livro *A origem das espécies,* o que talvez explique o sucesso de vendas do livro de Huxley. Antes dele, havia descrições contraditórias sobre seres humanos pequenos, nomeados como pigmeus, e símios antropoides de diversas naturezas, inclusive descritos como monstros imensos e invencíveis. O número e o nome das espécies variava grandemente.

Huxley, em seu livro, retoma as descrições mais antigas e as descrições confiáveis mais recentes, inclusive as de Alfred R. Wallace (1823-1913), o qual, a essa época, estava no arquipélago malaio, coletando centenas de milhares de espécimes, inclusive realizando experiências com bebês orangotangos. Huxley recebia seus relatos em primeira mão e os acompanhava com muito cuidado. Wallace se correspondia com Darwin, tendo-lhe enviado um ensaio, recebido em junho de 1858, com uma descrição minuciosa de uma teoria nova. Darwin reco-

---

[95] HUXLEY, T. H. *Man's Place in Nature.* The Un. Ann Harbor: Michigan Press, 1961 [1863], p. 31.

nheceu sua teoria da seleção natural e, portanto, ele é considerado seu coautor.[96]

Huxley realizou inclusive estudos filológicos, procurando significados mais profundos para os nomes atribuídos aos símios, concluindo, por exemplo, que o nome "mandril" era inglês e significava "parecido com o homem" em inglês castiço.

Os desenhos que aparecem em textos antigos são examinados por ele de forma crítica. A referência mais antiga que diz conhecer é de 1598, de autoria de Felipe Pigafetta, que teria baseado seus escritos no relato de um navegador português, Eduardo Lopes, após sua expedição ao Congo[97]. Nesse livro antigo, o autor diz que as pradarias próximas ao rio Zaire estão repletas de símios que se esmeram em imitar os gestos e as expressões humanas. Seriam duas as espécies descritas no livro. Uma delas, a maior, era chamada "pongo" na linguagem local, e a menor era chamada "engeco". O "pongo" seria muito parecido com os humanos, mas um animal perigoso. Ele dormiria em árvores, construiria abrigos contra a chuva e havia muitas histórias de enfrentamentos com humanos. Eles teriam matado muitos negros africanos. Apesar de diversos atributos humanos, prosseguia o relato antigo, eles eram incapazes de falar e de fazer fogo. No entanto, eles o admiravam pois, ao encontrar um

---

[96] Isso não significa que Wallace tivesse acumulado evidências da mesma forma que Darwin, que já tinha escrito dois ensaios expondo sua teoria (em 1842 e 1844) e estava terminando a redação de seu "Big Species Book", depois resumido em *Origin of Species* (1859).

[97] HUXLEY, T. H. *Man's Place in Nature*. The Un. Ann Harbor: Michigan Press, 1961 [1863], p. 10. Huxley cita como fonte: "Regnum Congo: hoc est vera descriptio regni africani quod tam ab incolis lusitans congus appellatur, per Philuppum Pigafettam, olim ex Edoardo Lopez acroamatis lingua Italica excerpta, num Latio sermone donate ab August. Cassiod. Reinio. Iconibus et imaginibus rerum memorabium quasi vivis, opera et industria Joan. Theodori et Joan. Israelis de Bry, fratrum exornata. Francofurti, MDXCVIII". Já a *Encyclopaedia Britannica* cita Duarte Lopez, que teria vivido no Congo entre 1578 e 1587 e posteriormente sido mandado a Roma, onde teria contado sua história a Felipe Pigafetta (não confundir com Antonio Pigafetta, o famoso vicentino que sobreviveu à primeira circunavegação do globo), o qual teria publicado seu relato "Descrição do reino do Congo" em 1591. Como Huxley transcreveu diversas partes do livro, é possível que se trate de edições diferentes e que a pesquisa histórica de Huxley tenha sido, de fato, acurada.

acampamento humano recém-utilizado, era comum que os pongos se aproximassem e se sentassem em volta do que sobrara da fogueira.

O "engeco" Huxley dizia que se referia a relatos de filhotes do mesmo animal, que no Gabão eram chamados "enché-eko". As confusões entre animais adultos e filhotes eram bastante comuns, ainda segundo Huxley, e teriam ensejado diversas descrições equivocadas de espécies supostamente diferentes. Nenhum pongo adulto tinha sido capturado vivo até aquele momento (1598), pois eles eram tidos como muito fortes e organizados. Usariam clavas para bater em elefantes visando espantá-los, quando eles começavam a se alimentar em sua área. No entanto, alguns pongos jovens tinham sido capturados com dardos envenenados. Como o filhote anda agarrado à mãe, matando-a tinha sido possível capturar alguns bebês pongos. O livro de Pigafetta ainda dizia que, quando um pongo morria em seu meio, os demais o cobriam com folhas e gravetos, como em um ritual de sepultamento.

Huxley reproduziu essas descrições de forma crítica, entendendo que poderia haver alguma distorção introduzida pela distância, seja no tempo, seja no espaço. Um esforço para localizar nos mapas contemporâneos os nomes que apareciam naquele relato foi também empreendido, mostrando que o que chamamos (hoje) de Camarões, Congo, República Democrática do Congo e Gabão são as regiões de onde os relatos foram tomados. Os pongos eram, na opinião de Huxley, nitidamente chimpanzés, descritos em 1795 como *Troglodytes niger*, e rebatizados em 1816 como *Pan troglodytes*. Hoje se reconhece que a distribuição da espécie confere com a que aparecia nas antigas descrições (figura 17).

No entanto, Huxley deixava escapar uma grande descoberta, pois os "filhotes de pongo", que os nativos supostamente confundiam com uma outra espécie, ao chamá-los de "engeco" ou "enché-eko", eram de fato uma espécie diferente, descrita apenas em 1929 como *Pan paniscus*, os hoje famosos bonobos, ou chimpanzés pigmeus, muito estudados por seu comportamento e sua maior similaridade genética com a espécie humana (figura 18).

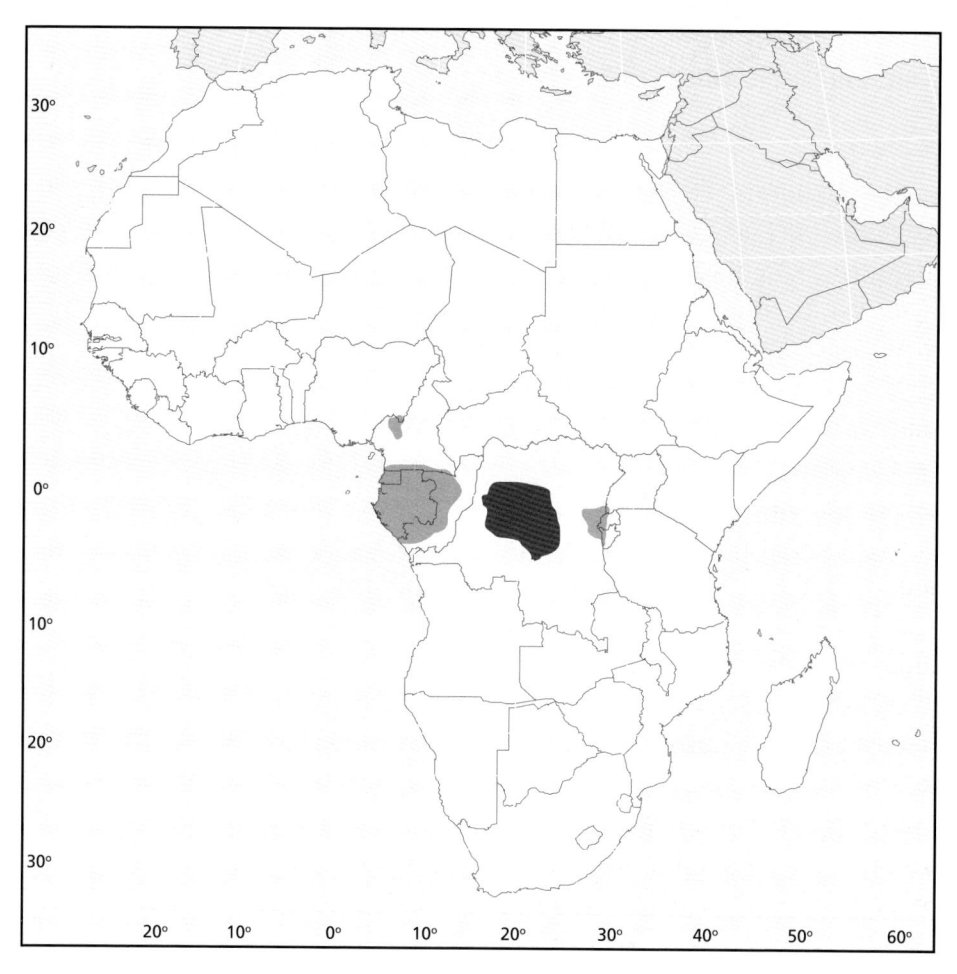

Figura 17. Distribuição geográfica do chimpanzé *Pan troglodytes* (áreas cinza-claras no mapa da África) e do bonobo *Pan paniscus* (área mais escura), duas espécies confundidas até o século XX.

Figura 18. Chimpanzé e bonobo.

Huxley discutia ainda os macacos denominados "*antropomorpha*" por Lineu, descritos como *Troglodita bontii, Lucifer aldrovanti, Satyrus Tulpii* e *Pyhgmaeus eduardi*, que aparecem no *Systema Naturae*, que teria exagerado na similaridade dos símios com os seres humanos, provavelmente por conta da maneira como os povos de Bornéu e Sumatra se referem aos orangotangos, tidos como "homens da floresta". Já Buffon, nos diz Huxley, ao escrever sua grande obra, especificamente o livro XIV, teve a sorte de examinar um filhote de chimpanzé e um macaco asiático, mas teve notícia do mandril e do orangotango apenas indiretamente, por relatos e leituras.

Muitos relatos foram originados do trabalho de naturalistas holandeses em suas colônias do sudoeste asiático e, como consequência das ocupações napoleônicas, o material foi levado para a França, onde diversos esqueletos foram examinados por Geoffroy Saint-Hilaire (1772-1844) e por Cuvier[98]. Este último, segundo Huxley, teria descrito um animal originário daquela região como "pongo de Bornéu", confundindo o orangotango com o chimpanzé.

---

[98] Na verdade, os dois franceses, quando professores no Museu de História Natural de Paris, escreveram cinco memórias sobre vertebrados em 1795, uma delas intitulada *Histoire des Makis, ou singes de Madagascar*.

A existência do gorila teria sido bem estabelecida poucos anos antes, a partir de um relato publicado nos Estados Unidos em 1847, uma descrição minuciosa da anatomia e dos hábitos dessa espécie, que passava a ser reconhecida como distinta do chimpanzé.[99] A distinção ocorreria definitivamente depois que o crânio de um animal muito maior do que o chimpanzé foi achado e, com informações dos nativos do Gabão, reconhecido como um símio antropoide muito maior, que os nativos denominavam "Enge-ena". Seu descobridor, Thomas Savage, resolveu evitar toda a confusão de nomes e atribuir-lhe um nome retirado de um antigo relato do périplo de Hanno, o Navegador, um cartaginês que empreendeu uma viagem do atual Marrocos até o golfo da Guiné no século V a.C. Ele teria encontrado um enorme símio em uma ilha africana, a que denominou *gorillas*. Esse nome foi então adotado por Savage como nome específico para a nova espécie: *Troglodytes gorilla*.

O primeiro capítulo do livro de Huxley é, pois, a primeira discussão acerca dos grandes primatas realizada de forma sistemática – combinando elementos técnicos e da moderna divulgação científica –, na qual são recolhidos os relatos mais importantes, as publicações mais conhecidas, e estabelecidas sinonímias, deixando claro que os símios antropoides, além do gibão asiático, eram o orangotango de Sumatra e Bornéu, o chimpanzé (compreendendo o bonobo) e o gorila africanos. Essa síntese parece estar na base de uma das maiores confusões estabelecidas sobre a evolução humana. No livro, os esqueletos desses símios apareciam um ao lado do outro, tendo um esqueleto humano ao final. Tratava-se de uma reprodução de uma ilustração realizada pelo famoso zoólogo e ar-

---

[99] HUXLEY, 1961 [1863], p. 59, cita o trabalho do dr. Thomas N. Savage e reproduz longo trecho dele, identificando-o como "Notice of the external characters and habits of *Troglodytes Gorilla*. *Boston Journal of Natural History*, 1847".

tista Benjamin Waterhouse Hawkins (1807-1894)[100], a partir de exemplares conservados no Royal College of Surgeons, na qual o esqueleto inicial, o do gibão, tinha sido ampliado duas vezes (figura 19).

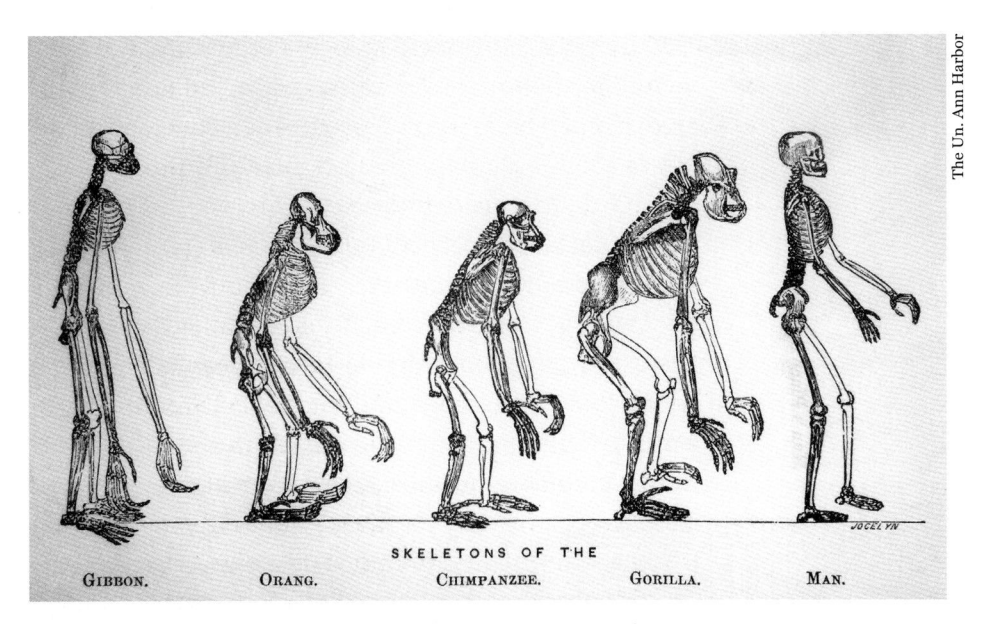

Figura 19. Reprodução dos desenhos de Benjamin Waterhouse Hawkins, feitos a partir dos espécimes reais do museu do Royal College of Surgeons. O tamanho do gibão foi ampliado duas vezes.

Essa imagem foi interpretada como sendo uma conclusão da rota evolutiva da espécie humana, que teria passado do gibão ao orangotango, deste ao chimpanzé, que teria se transformado em gorila, e este teria originado o ser humano, como etapa final. É evidente que a imagem transmitiu – e transmite até hoje – uma ideia muito diferente do que o autor do livro pretendia com ela. Não é de se estranhar que o descobrimento de formas humanas fósseis tenha reposto os símios antropoides nessa "escala da natureza".

---

[100] Pertenceu a diversas sociedades científicas, como a Linnean Society, produziu ilustrações para cientistas como Charles Darwin e reconstruiu dinossauros para a primeira exposição pública desses animais, em Londres, em 1852.

Tendo estabelecido, portanto, quais eram os macacos parecidos com o homem, Huxley passou a descrever suas características, que eram surpreendentemente parecidas com as dos seres humanos. Ele tratava de características físicas, mas também de detalhes comportamentais, tais como as reações dos bebês orangotangos ao serem amamentados, dados que tinham sido recentemente enriquecidos pelas descrições de Wallace provenientes do sudoeste asiático. A distribuição geográfica das espécies é discutida com base em relatos cuidadosos, remetendo a fontes e citando os autores.

As características dentárias eram surpreendentes. Não apenas o número de dentes dos macacos era idêntico ao humano, como também sua distribuição entre os diferentes tipos (a chamada fórmula dentária). Temos os mesmos incisivos, caninos, pré-molares e molares que os grandes macacos. O livro de Huxley é, ao mesmo tempo, o primeiro livro de etologia de primatas, dado o cuidado com que seleciona e descreve os hábitos alimentares, reprodutivos e detalhes da biologia dessas quatro espécies.

Huxley reconheceu que na época havia um razoável conhecimento dos hábitos do gibão, bastante conhecimento dos hábitos do orangotango, mas pouco sobre os chimpanzés (e bonobos) e quase nenhum sobre o recém-descrito gorila. Assim, o livro de Huxley ofereceu uma leitura deliciosa e surpreendente sobre o comportamento dos grandes macacos. É impossível lê-lo sem projetar nas vívidas descrições os hábitos de algum parente conhecido. "Os orangotangos, segundo os nativos *dyaks*, dificilmente saem da cama onde dormem antes das nove da manhã e para ela voltam perto das cinco da tarde." Na chuva e no frio, eles se cobririam com folhas, em especial a cabeça, e dormiriam em posições idênticas às dos humanos, às vezes segurando a cabeça com as mãos.

Na segunda parte do livro é feita uma exposição detalhada da embriologia dos vertebrados, mostrando as similaridades do desenvolvimento embrionário entre diferentes animais. Em seguida, são apresentados estudos anatômicos de diversos ossos e do cérebro dos símios (com exceção do gorila, do qual havia apenas ossos). Os desenhos de Hawkins demonstram com clareza uma similaridade impressionante. Os grandes ossos da bacia, os pequenos ossos das mãos e dos pés, bem como o aspecto externo e interno do cérebro são apresentados fora de escala, como se tivessem todos a mesma dimensão, o que aumenta ainda mais a sensação de similaridade. Em vez de alertar o leitor para a distorção de tamanho, Huxley inseriu a observação de que eles tinham sido feitos a partir de exemplares reais, "do mesmo tamanho absoluto"[101].

As imagens sobre o cérebro de chimpanzés e humanos são outro momento impressionante. Os desenhos feitos "com o mesmo tamanho absoluto" provocam a sensação de grande similaridade e são argumentos muito convincentes em defesa de sua tese evolutiva. Mas, mais do que isso, elas são facilmente entendidas pelo cidadão leigo, que se vê diante de evidências aparentemente incontestáveis de semelhança. Ela, por sua vez, custa a ser explicada por outra maneira além do parentesco. O final desta parte é uma defesa explícita e muito eloquente da teoria da seleção natural de "Mr. Charles Darwin", argumentando a falta de razão para diferenciar a espécie humana de qualquer outra no que diz respeito aos processos biológicos de modificação.[102]

---

[101] Por exemplo, à página 91, estão reproduzidos os ossos da bacia do ser humano, do gorila e do gibão "reduced from drawings made from nature, of the same absolute lenght".

[102] As últimas páginas da segunda parte foram separadas como um apêndice sobre a polêmica que envolvia a discussão das similaridades anatômicas do cérebro do ser humano e o dos macacos, com uma vigorosa crítica aos métodos e resultados do dr. Richard Owen, do Museu Britânico, de certa maneira estendendo a discussão iniciada com Wilberforce em junho de 1860.

A terceira parte do livro aborda os fósseis humanos, incluindo descobertas das cavernas de Engis, na Bélgica, próximas a Liège, descritas em 1833 pelo professor Philippe-Charles Schmerling (1790-1836), e o então recente achado do vale do rio Neander, na Alemanha. A análise de Schmerling[103] persegue a tradição antropológica de Johann Friedrich Blumenbach (1752-1840), que tinha realizado um estudo das diferenças entre crânios de diferentes populações, estabelecendo uma categorização de raças humanas em bases osteológicas. Novamente, a análise atribuía aos humanos modernos diferentes graus de proximidade com os fósseis achados e Huxley demonstrava estar de acordo com as conclusões de Schmerling, inclusive por ter refeito as medições cranianas a partir de uma duplicata[104].

Os crânios humanos aparecem a seguir, sendo reproduzidos um crânio "ortognata", de um homem branco, e um crânio "prognata", de um homem negro. Os crânios de povos "primitivos", como os aborígines australianos, pareciam ser os maiores candidatos a parentes próximos do crânio neandertal. Não tardaria para que o argumento dos "parentes prognatas" voltasse a ser utilizado por Huxley.

A reação pública ao livro de Huxley lembra muito o que vemos hoje em dia com os dados da biologia molecular em seus estudos comparativos entre homem e chimpanzé. Da mesma forma, as descobertas em chimpanzés de comportamentos tidos como exclusivamente humanos – como a transmissão cultural e o sorriso do recém-nascido – causam espécie ainda hoje, pois nos mostram grande semelhança de nossos

---

[103] V. HENDERICKX, L. Philippe-Charles Schmerling (1790-1836) reveals the antiquity of man thanks to antediluvian deposits of the Liège caves. *Acta Psychiatr Belg*, 1994, 94 (4-6): 183-212.

[104] O crânio descrito na caverna de Engis estava muito danificado e Schmerling concluiu que se tratava de um crânio de uma pessoa com "limitadas faculdades intelectuais e baixo grau de civilização: uma dedução que emerge do contraste entre a capacidade da região frontal com a occipital", concluía (HUXLEY, 1961, [1863], p. 143).

parentes símios conosco. Essa era a grande mensagem do livro: a origem das espécies não dependia da espécie considerada. A origem do homem seria entendida na medida em que se elucidasse a origem de todas as demais. Em outras palavras, o ser humano era um macaco, nada além disso, aliás, como tinha concluído Lineu, ao incluir o ser humano entre os primatas.

Seleção sexual e seleção natural

A busca de um mecanismo evolutivo capaz de explicar a evolução humana já havia merecido uma pequena referência em *A origem das espécies*, quando Darwin mencionou a "seleção sexual", sem se aprofundar no assunto. Ele escreveu:

> Seleção sexual: da mesma forma como as peculiaridades frequentemente aparecem no estado de domesticação em um dos sexos e se tornam hereditárias naquele sexo, o mesmo fato provavelmente ocorre sob condições naturais, e, nesse caso, a seleção sexual será capaz de modificar um sexo nas suas relações funcionais com o outro sexo, ou em relação com o conjunto de hábitos de vida diferentes nos dois sexos, como algumas vezes ocorre com os insetos. E isso me leva a dizer algumas palavras sobre o que eu denomino "seleção sexual". Ela depende não de luta pela existência, mas de luta entre os machos para possessão das fêmeas; o resultado não é a morte para o competidor malsucedido, mas diminuição, parcial ou total, de sua descendência. Portanto, a seleção sexual é menos rigorosa do que a seleção natural. Geralmente, os machos mais vigorosos, aqueles que estão mais bem adaptados para as condições em que vivem na natureza, deixarão maior descendência. Mas, em muitos casos, a vitó-

ria depende não de um vigor geral, mas de armas especiais, confinadas ao sexo masculino.[105]

Vale a pena destacar esse trecho do início do capítulo sobre seleção natural para levantar uma outra suspeita sobre a origem de uma confusão muito frequente, qual seja, entender "mais bem adaptado" como o "mais forte", convertendo, assim, a ideia do sucesso reprodutivo dos mais bem adaptados na "lei do mais forte". A ideia da seleção sexual seria desenvolvida mais adiante, em um livro publicado apenas em 1871, e que abordava explicitamente o caso humano, *A origem do homem*. Nesse livro, Darwin começa por abordar a seleção sexual, com miríades de exemplos, alguns deles retomados de *A origem das espécies*. Sua ideia é mostrar como se trata de um mecanismo praticamente universal na natureza e que poderia explicar a diversidade de formas humanas, baseadas na preferência sexual.

No entanto, a seleção sexual era menos rigorosa do que a seleção natural, a qual, paradoxalmente, não dependia de força física, mas de adaptações sutis, como a capacidade de resistir a condições desérticas. A luta pela existência que um cacto deve empreender depende, basicamente, de sua resistência à inclemência do sol e à falta de água. Seu sucesso reprodutivo, além disso, depende da capacidade da parte masculina da flor produzir grande quantidade de pólen, ou atrair polinizadores eficientes. O caráter ativo da fecundação nos animais, que, por vezes, depende de comportamentos de corte complexos, seria alvo de escrutínio adicional à seleção natural. Esses dois processos, ao serem apresentados no mesmo capítulo, podem ter induzido uma compreensão distorcida.

---

[105] Trecho traduzido diretamente das p. 87-88 do cap. IV, "Natural Selection", da 1ª edição de *Origin of Species*, disponível em: http://darwin-online.org.uk. Acesso em: 15 nov. 2011.

Em *A origem das espécies* Darwin descreveu, inicialmente, alguns exemplos de seleção sexual, para depois se concentrar naquele que seria o mecanismo mais severo, a seleção natural. Não é de se estranhar, portanto, que Darwin estivesse estimulado a escrever mais sobre seleção sexual mais adiante, ainda mais porque essa era, segundo ele, a chave para entender a evolução humana. Isso explica a razão de ter estudado as diferentes populações humanas, a partir do famoso Blumenbach, a quem era dedicado um dos livros que consultava enquanto redigia *A origem das espécies*: *Researches into the Physical History of Mankind*, de James Prichard (1786-1848). Trata-se de um autor extraordinário, que reunira informações sobre centenas de povos e línguas faladas no globo, delimitando-as geograficamente. O projeto gráfico era muito arrojado, em dois volumes, incluindo pranchas coloridas dos mais diferentes povos (figura 20).

Figura 20: Reprodução de imagens do livro de J. Prichard, da edição de 1826, que retratam homens originários de Papua (esq.), ilhas Sandwich (centro) e Etiópia (dir.).

No exemplar pessoal de Darwin deste livro, agora guardado na biblioteca da Universidade de Cambridge, há uma curiosa anotação, realizada em data anterior à publicação de *A origem das espécies*: "Como meu livro será parecido a este". De fato, é um longo tratado, em dois volumes, que investiga as diferentes formas humanas e sua origem, a partir de estudos comparativos. Por exemplo, discute se as diferentes raças de cães descendem de um mesmo tipo ancestral, ou se poderiam ser resultado de degenerações de diferentes tipos ancestrais, retomando a discussão de Blumenbach. Assim escreveu Prichard no capítulo referente à adaptação local:

> Quando espécies particulares são comparadas umas às outras, as várias formas se parecem marcadamente em relação a um único tipo de organização. A mais sutil diferença que demarca as espécies individualmente parece se perder na uniformidade morfológica do gênero a que pertencem, e surge uma suspeita de que elas todas procedem de uma forma original. [...] Será mais provável que as modificações foram posteriores à sua origem, e que o gênero, em sua primeira criação, era único e uniforme, e depois se tornou diversificado sob as influências de agentes externos?
>
> Qualquer que seja a suposição verdadeira, a separação de famílias e gêneros em espécies particulares, e a distribuição dessas espécies nos lugares particulares onde vivem, de acordo com suas propriedades físicas, é evidentemente parte de uma provisão da natureza para repovoar a Terra com habitantes organizados, colocados em cada local de acordo com a adequação a solo e temperatura, a suas estruturas e hábitos.
>
> Mas por que deve-se supor que a influência dessa lei de adaptação tenha parado aqui? Não seria prová-

vel que as variedades que florescem fora dos limites de uma espécie particular sejam adaptações complementares de estrutura às condições e circunstâncias sob as quais aquele conjunto de seres está destinado a existir. Variedades se ramificam da forma comum das espécies, da mesma forma que espécies se ramificam a partir da forma comum de um gênero único. Por que uma classe de fenômenos pode ocorrer sem finalidade ou utilidade, um mero efeito de contingência ou acaso, mais do que o outro?

[...] dificilmente poderemos evitar concluir que a variação dos animais ocorre de acordo com algumas leis, pelas quais a estrutura está adaptada às circunstâncias locais.[106]

Após discutir exemplos em algumas espécies de animais, Prichard disse não ser difícil encontrar exemplos na espécie humana, e passou a discutir como a pele escura permite viver sob o sol escaldante da zona tórrida. Lembrou como sofrem os homens brancos em locais muito quentes, ao dizer que a extradição para colônias penais da zona tórrida equivalia, para os europeus brancos, a uma pena de morte. Isso justificaria, para alguns (não para Prichard), o recurso à escravidão de africanos no Caribe, diante da incapacidade de trabalho do braço europeu[107]. E assim, após incluir o ser humano em suas conjecturas, conclui Prichard:

[...] a doutrina da variação, ou desvio, nas raças de animais em geral, parece nos conduzir à conclusão de que ele não é meramente um fenômeno acidental, mas parte de uma provisão da natureza para fornecer, a cada região, um número adequado de habitantes, ou modificar a estrutura e constituição

---

[106] V. PRICHARD. J. C. *Researches into the Physical History of Mankind*. Londres: John and Arthur Arch, 1826, p. 569-571, vol ii.
[107] Prichard era um militante opositor do comércio de escravos (v. DESMOND, A.; MOORE, J. *Darwin's Sacred Cause*. Londres: Allen Lane, 2009).

da espécie, de tal forma que são produzidas raças adaptadas a cada modo e condição de existência. A maior parte desse plano de adaptação local parece ser acompanhada da modificação original do gênero em diferentes espécies. Como o processo é contínuo e direcionado para o mesmo fim, a ramificação de uma espécie cria diversas variedades.[108]

Em seguida, Prichard recapitulou a distribuição das mais diferentes populações humanas, concluindo que o clima parece ser a variável mais importante a explicar a cor da pele. Na África, que ele acreditava ser o local de onde a espécie humana originalmente provinha[109], o trópico de Câncer assinalava o limite superior de distribuição e, ao redor de todo o globo, na região intertropical, a pele escura era uma constante. Ele assinalava que a regra valia apenas para locais quentes, pois, mesmo em locais tropicais, mas de altitude (citando a zona andina e o México), a cor da pele não era tão escura. Mas Prichard, com sua experiência médica, discutia explicitamente como as mudanças introduzidas pelo ambiente não eram incorporadas aos descendentes, aproveitando a cor da pele.

Ele dizia que os europeus que viviam em ambientes quentes por muito tempo desenvolviam pele mais escura, mas seus filhos nasciam sem o menor traço de melanismo. Ele citou ainda casos de albinismo, mostrando como ele era recorrente em certas famílias, sem qualquer relação com o tipo de clima em que vivessem. Assim, a doutrina da variação carecia de um mecanismo hereditário, que pudesse explicar tanto a variação como sua transmissão

---

[108] *Idem*, p. 574-575.
[109] Embora na segunda edição de sua obra (1826) essa afirmação não apareça claramente estampada, ela pode ser inferida, dada a metodologia utilizada para discutir a distribuição dos tipos de cor de pele no globo. No entanto, na terceira edição, publicada postumamente em 1851, a afirmação foi explicitamente introduzida. Esta era precisamente a edição que Charles Darwin possuía (v. DESMOND, A.; MOORE, J. *Darwin's Sacred Cause*. Londres: Allen Lane, 2009, p. 54-55).

hereditária. Darwin não podia prescindir de uma e Gregor Mendel (1822-1884) trabalhava, quase ao mesmo tempo, em sua própria.

A teoria hereditária de Darwin

O ano de 1865 é emblemático da trajetória das teorias genéticas de Mendel e Darwin. Em 8 de fevereiro e 8 de março, Mendel apresentou seu trabalho sobre hibridização em ervilhas e feijões no encontro da Sociedade dos Naturalistas de Brünn (hoje, na República Tcheca). Em 1º de maio do mesmo ano, Thomas Huxley escreveu a Darwin dizendo ter ouvido rumores de que seu *opus magnum* já teria tido a escrituração terminada e que estaria sendo preparado para publicação. Ele se referia ao livro *Variations of Animals and Plants Under Domestication*, que sairia em dois volumes, contendo um capítulo sobre sua "teoria dos pangenes", que explicaria, de maneira conclusiva, a descendência com modificação, apresentada em seu livro de 1859, *A origem das espécies*. De fato, Darwin respondeu positivamente e lhe encaminhou o esboço manuscrito, a fim de receber comentários, o qual passaria a fazer parte de seu novo e grande livro, em final de escrituração.

Darwin concluía a redação iniciada quase dez anos antes, em 1857, quando escreveu um longo manuscrito sobre hibridismo, que faria parte de seu "grande livro sobre as espécies". Esse longo manuscrito foi publicado apenas em 1975[110], mas seu conteúdo foi utilizado tanto em *A origem das espécies* (1859) como em *Variations of Animals and Plants Under Domestication* (1868) e em *Effects of Self and Cross Fertilization in the Vegetable Kingdom* (1876).

---

[110] O "longo manuscrito" foi publicado em STAUFFER, R. C. *Charles Darwin's Natural Selection*. Cambridge: Cambridge University Press, 1975.

Mas o "longo manuscrito" teve início em 1856, com duas primeiras seções sobre variações no estado de domesticação, que acabaram sendo utilizadas no livro de 1868. A terceira seção era justamente sobre a possibilidade de cruzamentos na natureza entre todas as espécies naturais e a extraordinária susceptibilidade do sistema reprodutor a influências externas. Esta parte do manuscrito, que deve ter sido terminada ao redor de dezembro de 1856, ressalta o famoso trabalho de 1849 de Carl Friedrich von Gärtner (1772-1850)[111]. Diz Darwin, sobre as questões práticas envolvidas na hibridização: "Sem uma única exceção, todos esses naturalistas (os hibridizadores) diversos, os quais devotaram vidas inteiras ao assunto, insistem da maneira mais enfática na necessidade absoluta de isolamento perfeito da flor castrada". Nesse ponto, ele inseriu uma nota, na qual se lê: "v. o trabalho de Gärtner, o mais admirável de todos os observadores do assunto, e sua grande ênfase no tema em sua obra *Bastardzeugung*"[112].

Darwin apontou como evidência da extraordinária susceptibilidade dos órgãos do sistema reprodutor a influências externas a impossibilidade de reprodução de espécies em cativeiro: "Por que muitos animais recolhidos ainda jovens, perfeitamente amansados, saudáveis e longevos, não procriam, é impossível explicar. Só se pode atribuir a mudanças nas suas condições de existência". Em seguida ele citou relatórios de jardins zoológicos e associações de criadores de aves. Um exemplo dado foi o do quati "do Paraguai"[113], que nunca tinha sido criado em cativeiro, embora man-

---

[111] GÄRTNER, F. C. *Versuche und Beobachtungen über die Bastarderzeugung im Pflanzenreiche*. Stuttgart: K. F. Herring, 1849 ("Experimentos e observações sobre a produção de híbridos no reino vegetal").
[112] STAUFFER, 1975 [Darwin, 1856], p. 49.
[113] O quati (*Nasua nasua*) na verdade tem ampla distribuição geográfica, que se estende por boa parte do território florestal da América do Sul, até o norte da Argentina. Sua criação em cativeiros europeus provavelmente foi dificultada pelo inverno rigoroso.

tido em casais. Mas é na observação de plantas que aparece mais perfeitamente a argumentação da sensibilidade dos órgãos reprodutores às condições de existência. Darwin falou de suas próprias experiências e das daqueles que afirmavam ser o excesso de adubação nitrogenada a razão da esterilidade. A adubação exagerada levaria a grandes floradas sem frutos e sementes. Novamente, ele citou a autoridade no assunto de hibridização de vegetais: "Gärtner também faz menção ao excesso de flores de algumas espécies estéreis, e compara o fato ao excesso de flores em híbridos estéreis; em outros casos, muito adubo, especialmente se acompanhado de muito calor [...], impede a floração". Regar as plantas em períodos impróprios também conduziria à esterilidade.[114]

É de se notar, portanto, que Darwin lia o mesmo autor que Mendel, ao mesmo tempo. Mendel deu início aos experimentos com as ervilhas do gênero *Pisum* no ano de 1857, o que faz supor que, no ano anterior, lia o autor mais importante no assunto. Enquanto este, como veremos adiante, foi levado a concluir que Gärtner via limites rígidos entre as espécies, Darwin procurava na mesma fonte indícios do contrário, ressaltando que os próprios hibridizadores conheciam a capacidade ilimitada de polinização das plantas. Essa é uma das características intrínsecas do empreendimento científico: ao observar a natureza, e mesmo ao ler um texto, é impossível que o cientista deixe de projetar suas convicções e interesses.

Mais adiante no manuscrito, na seção especificamente sobre hibridismo, Darwin sintetizava o programa de pesquisas sobre os híbridos e, num claro posicionamento intelectual, antecipava sua opção teórica. A terceira, de cinco questões-chave, era assim definida:

---

[114] STAUFFER, 1975 [Darwin, 1856], p. 83.

As diversas leis que governam o grau e o tipo de infertilidade no primeiro cruzamento e nos descendentes híbridos, nos casos em que eles são acasalados entre si ou com um dos tipos parentais ou com uma espécie distinta, indicam que as espécies foram criadas com essa tendência à esterilidade de modo a mantê-las separadas; ou a esterilidade parece ser uma consequência acidental de outras diferenças em sua organização? Eu penso que os numerosos fatos, que serão apresentados, claramente apontam para essa segunda alternativa.[115]

Mais adiante no manuscrito, que foi utilizado em diversas publicações (há marcações indicando o fato em diversas passagens, inclusive páginas cortadas), aparecem as linhas gerais das leis de variação. Neste capítulo de seu manuscrito, Darwin reservou uma seção para tratar da "prepotência" e, pouco adiante, da telegonia, citando o caso relatado em 1821, por lorde Morton, da égua árabe que teve um descendente de um macho da zebra *quagga* anos depois de uma cópula. Este caso é mais importante do que seu aspecto bizarro e prosaico possam possivelmente indicar, pois comprovaria os efeitos a longo prazo de uma cópula nos animais, o que seria "universalmente admitido". Em outras palavras, as dificuldades da hibridização com animais talvez fossem menores do que parecia à primeira vista, dado que os efeitos de uma cópula poderiam aparecer anos depois do cruzamento. O potrinho zebrado era, além do mais, perfeitamente fértil, o que indicava falta de barreira entre as espécies. Como anunciado, Darwin concluiu suas 145 páginas manuscritas sobre hibridização dizendo que a literatura apontava claras evidências de que a esterilidade aparece como um subproduto acidental da

---
[115] *Ibidem.*

reprodução, muitas vezes em espécimes da própria espécie. Em outras palavras, duas espécies diferentes poderiam ter descendentes férteis.

O bem conhecido incidente com o recebimento do trabalho de Alfred Russel Wallace em 1858 mudaria a cronologia da construção do longo manuscrito, cuja redação foi de fato interrompida. Assim, após breve intervalo, começou a ser preparado *A origem das espécies*, sem tempo suficiente para dar forma adequada às notas (como a reproduzida há pouco, só utilizada em 1876) e a todos os fatos arregimentados em favor das teses evolucionistas. Assim, é de compreender como uma seção específica sobre sua teoria genética acessória não foi escrita àquela oportunidade. Mas ela estava presente no seu livro de 1868, seu *opus magnum*, como o definira Huxley.

Darwin adiantava, nesse livro, uma nova interpretação das monstruosidades no reino animal e do pelorismo, um tipo de floração anormal, no reino vegetal:

> Nessa visão da natureza das flores pelóricas, e tendo em mente certas monstruosidades no reino animal, nós devemos necessariamente concluir que os progenitores da maioria das plantas e animais deixaram uma impressão, capaz de redesenvolvimento, nos germes de seus descendentes, embora estes tenham sido, desde então, profundamente modificados.[116]

Adiantando a terminologia que depois seria utilizada por August Weismann (1834-1914), em outro contexto, Darwin dizia que o germe fertilizado de animais superiores é submetido a uma ampla gama de influências desde a "célula germinal" até a idade

---

[116] DARWIN, C. *Variations of Animals and Plants Under Domestication*. Londres: J. Murray [1868], 1885, v. 2, p. 35.

avançada, e que é quase impossível que uma mudança altere algum dos pais sem deixar alguma marca no germe. Ele seria coroado por caracteres invisíveis, oriundos dos dois sexos, do lado direito e esquerdo do corpo, e por uma longa linhagem ancestral, do lado materno e paterno, de centenas ou talvez até milhares de gerações. Essa multidão de caracteres estaria pronta a se desenvolver, mas poderia ser facilmente perturbada por quaisquer circunstâncias[117]. A descendência modificada das plantas enxertadas seria outro exemplo a ser explicado.

Mas havia uma forma de transmissão hereditária "esquisita", reputada como reconhecidamente excepcional, que Darwin tinha obtido em sua própria chácara. Seus experimentos com bocas-de-leão (*Anthirrinus majus*) comprovaram o que já fora encontrado por outros pesquisadores, inclusive por Charles Victor Naudin (1815-1899), com outra planta (*Linaria*)[118]. Os resultados que chamaram a atenção de Darwin, por sua "esquisitice", se alinhavam com os de Mendel: na primeira geração do cruzamento entre bocas-de-leão comuns e pelóricas, 100 por cento dos híbridos eram perfeitamente iguais à forma comum. Este resultado havia sido encontrado por outros pesquisadores, inclusive em outras espécies. Ao serem deixados se autofecundar, foi possível recuperar 127 plantas, das quais 88 eram perfeitamente normais. O pelorismo aparecera na segunda geração, em nada menos do que 37 plantas[119]. Em outras palavras, a forma de transmissão "esquisita", para Darwin, era aquela que obedecia à "lei válida para *Pisum*", como Mendel a chamava, tratando-a como "mera hipótese".[120]

---

[117] DARWIN, *op. cit.*, p. 36.
[118] Darwin cita em nota de rodapé o trabalho de Naudin, com a referência "Nouvelles Archives Du Museum, tom1, p. 137" (*ibidem*, p. 46).
[119] *Ibidem*, p. 46.
[120] A "lei válida para *Pisum*" (ervilhas) não tinha sido confirmada por Mendel com outras espécies, daí pensar que ela fosse válida somente para as ervilhas.

Para Darwin, a forma de transmissão de características hereditárias nas quais a primeira geração não apresenta formas intermediárias, e a segunda geração apresenta cerca de 25% de descendentes parecidos com uma das formas parentais, era uma exceção à regra comum. Esta, por sua vez, aparecia claramente afirmada no capítulo XXVII do livro de Darwin de 1868, *Variation of Plants and Animals under Domestication*.

> Finalmente, vemos que sob hipótese da pangênese a variabilidade depende de dois grupos distintos de causas. Primeiramente, a deficiência, superabundância ou transposição de gêmulas, e o redesenvolvimento daquelas que ficaram dormentes por longos períodos; as próprias gêmulas podem não ter tido nenhuma modificação, mas essas alterações dão conta de explicar muito da flutuação da variabilidade. De maneira secundária, a ação direta das condições modificadas na organização, e no aumento do uso ou no desuso das partes; neste caso, as gêmulas sofrerão modificação se as partes se modificarem e, se suficientemente multiplicadas, suplantarão as antigas gêmulas e darão origem a novas estruturas.[121]

Esses dois grupos distintos de causas explicariam muito do que se conhecia de herança. Em essência, a herança dependia de uma modificação das partículas que determinavam a parte, quer em quantidade, quer em qualidade. Poucas gêmulas, como ocorreria com as amputações nos animais ou os enxertos nas plantas, ou muitas gêmulas, como ocorria com a superalimentação ou o excesso de adubo nas plantas, determinariam modificações na reprodução do orga-

---

[121] DARWIN. *Op. cit.*, p. 390.

nismo. Mas, em termos qualitativos, se o organismo fosse modificado por alguma circunstância do meio, como uso aumentado das partes ou, por outro lado, seu desuso, isso traria repercussão imediata para as partículas hereditárias. Modificadas, elas poderiam se multiplicar e suplantar as partículas antigas, produzidas anteriormente à modificação.

As modificações das partículas estariam sujeitas periodicamente a um tipo de revigoramento, que Darwin associava ao conhecido fenômeno da reversão. Esta seria a norma geral a explicar o padrão "esquisito" de reaparecimento, em uma parte dos descendentes dos híbridos, de uma das formas parentais.

Essa "hipótese provisória" foi alvo de repetidas saudações e testes. Alfred Wallace deu as boas vindas ao artefato teórico do companheiro, que não recebeu a mesma recepção calorosa da parte de Huxley. No entanto, nos diz o saudoso Newton Freire-Maia[122], ainda em 1903, o livro do famoso neolamarquista francês Yves Delage (1854-1920), sobre hereditariedade, não cita Mendel nem mesmo uma única vez, mas faz rasgados elogios à pangênese de Darwin. Assim, vemos que as ideias do evolucionista Jean Baptiste de Monet, o Cavaleiro de Lamarck (1744-1829), ferrenho opositor de Cuvier, tinham resistido ao tempo, mas a custa de uma possível compatibilização com as ideias darwinianas de herança, que teria, contudo, existência efêmera.

Darwin e Mendel: perspectivas opostas?

E o que teria dito Mendel da teoria de pangênese de Darwin? Mesmo se em fevereiro de 1865 ela não tivesse sido escrita de maneira formal, já fora an-

---

[122] FREIRE-MAIA, N. *Gregor Mendel*: vida e obra. São Paulo: T. A. Queirós; e Edusp, 1995, p. 32.

tecipada em *A origem das espécies*, pelo menos de maneira funcional. Mendel, que possuía a versão alemã desse livro, escreveu um parágrafo em seu trabalho publicado em 1866 que merece atenção. Disse ele:

> Se a mudança das condições fosse a única causa da variabilidade, dever-se-ia esperar que as plantas cultivadas, mantidas durante séculos sob quase idênticas condições, tivessem novamente atingido a constância. Como se sabe, isto não ocorre, uma vez que precisamente entre elas é que se encontram não só as formas mais variadas, como também as mais variáveis.[123]

Embora o primeiro grupo de causas da variabilidade de Darwin houvesse sido formalmente exposto apenas em 1868, o segundo era mais conhecido, podendo ser claramente divisado em seu *A origem das espécies*. Portanto, deve-se admitir a possibilidade de Mendel estar embutindo uma crítica a Darwin nesse trecho. De qualquer forma, seja como for, não resta dúvida de que ambos operavam em sistemas muito distintos. As partículas hereditárias de Mendel eram essencialmente distintas das de Darwin. Ernst Mayr (1905-2005)[124] chamou de "herança dura" o modelo de Mendel e, por oposição, de "herança macia"[125] o modelo de Darwin. As gêmulas eram partículas que se modificavam plasticamente, voltando eventualmente à forma original, ao sabor das circunstâncias.

Não espanta, portanto, que ainda em 1903 a teoria hereditária de Darwin fosse saudada em compêndios

---

[123] FREIRE-MAIA, 1995 [Mendel, 1866], p. 87.
[124] MAYR, E. *The Growth of Biological Thought*. Cambridge (Mass.): Harvard University Press, 1982.
[125] Em inglês, os termos originais são "*hard inheritance*" e "*soft inheritance*".

de hereditariedade por cientistas evolucionistas. Herança e evolução estavam intrinsecamente unidas e as ideias de Mendel teriam que vencer muitos obstáculos para mostrar sua compatibilidade com uma visão evolutiva do mundo biológico nas primeiras décadas do século XX.

William Bateson (1861-1926) cunhou o termo "genética" ao descrever a elaboração de Gregor Mendel com seu trabalho sobre ervilhas. Segundo ele, Mendel teria tido pouca sorte ao publicar seu trabalho em 1866, justamente quando a comunidade científica discutia as decorrências do trabalho luminar de Darwin de 1859, o livro *A origem das espécies*. De fato, como vimos, a discussão da evolução, em especial a humana, magnetizava a atenção do público naqueles anos. Huxley, Lyell, Wallace, Darwin e muitos outros trabalhavam ativamente no assunto. Um mecanismo evolutivo deveria estar baseado em um correspondente hereditário, ou seja, havia um entrelaçamento obrigatório entre as ideias de herança e evolução no contexto científico de meados do século XIX. Em outras palavras, se um mecanismo hereditário fosse comprovado, ele traria a resposta para a evolução de maneira objetiva: a sucessão das gerações ocorre sem nenhuma modificação? Esta era a pergunta crucial. Qualquer modificação, por pequena que fosse, indicaria uma possibilidade evolutiva. No modelo de Mendel, como vimos, não havia nenhuma possibilidade aparente.

Assim, não é difícil entender que existia uma demanda por uma teoria da herança particular, ou seja, as ideias nesse campo não poderiam ser dissociadas das perspectivas evolutivas que apareciam como a grande novidade do período. Não que faltassem ideias sobre herança; a comunidade científica carecia de uma teoria que pudesse incorporar as novas demandas trazidas pelas novidades da teoria evolutiva. Nada desprezível, a extensão da perspectiva evolutiva ao ser humano, que esteve presente desde o início da formulação darwiniana, adicionava importância a um possível modelo para explicar a herança e tinha sido percebida desde o século XVIII[126], com o trabalho de J. G. Koelreuter (1733-1806), que afirmava que, mesmo entre os humanos, a hibridização[127] poderia explicar a maior ou menor fertilidade dos organismos[128].

Mendel e o surgimento de novas espécies

Embora se afirme com frequência que o trabalho de Mendel passou despercebido pelo mundo científico até a virada do século, há historiadores que afirmam o contrário, dizendo que as ideias mendelianas foram deliberadamente repelidas. A indiferença quase solene reservada ao trabalho de Mendel seria previsível, a tomar o histórico das pesquisas sobre hibridização. Muitos de seus contemporâneos teriam tomado seu trabalho como sendo uma "tentativa confusa de investigar a origem das espécies", pois sua ênfase recaía sobre o aspecto conservativo da herança, sem acreditar na possibilidade de originar novas espécies a partir da hibridização[129].

A grande questão subjacente aos trabalhos de hibridização dizia respeito à possibilidade de criar ou extinguir espécies novas, em verdadeira aproximação experimental da questão da origem das espécies. Até que ponto pode-se inovar no mundo na-

---

[126] MÜLLER-WILLE, S.; Orel, V. From Linnaean Species to Mendelian Factors: Elements of Hybridism, 1751-1870'. *Annals of Science*, 2007, 64 (2): 171-215.
[127] Assumem-se neste ensaio, como sinônimos, os vocábulos ingleses "*hibridism*" e "*mongrelism*", conquanto em sua forma original se referissem, respectivamente, a híbridos vegetais e animais ("mulas").
[128] V. MAYR, E. *Joseph Gottlieb Kölreuter's Contributions to Biology*. Bruges: Osiris, 2ª série, 1986, v. 2, p. 135-176.
[129] GASKING, E. B. Why was Mendel's work ignored? *Journal of the History of Ideas*, Pensilvânia: 1959, 20: 60-84.

tural? Esta era a questão central investigada pelos hibridizadores desde o século XVIII, que aliavam estudos puramente teóricos a produções tecnológicas. Os trabalhos de Koelreuter comprovaram que os híbridos portavam elementos tanto da contribuição masculina (pólen) quanto da feminina, e tinham sido planejados para investigar a possibilidade de criação de novas espécies. Diversas espécies de tabaco foram por ele investigadas – o que demonstrava essa aliança entre questões puramente teóricas e aplicações comerciais –, mas elementos quantitativos de variação contínua (como morfologia floral) mostravam híbridos intermediários em muitas espécies. Mesmo assim, essas inovações quantitativas foram tomadas como evidências da possibilidade de criação de novas espécies por meio de cruzamentos planejados, que apenas repetiriam processos naturais, os quais promoveriam a constante origem de novas espécies.

Um bem-sucedido horticultor inglês, Thomas Andrew Knight (1759-1838), que estabeleceu os procedimentos básicos para realização de cruzamentos verdadeiros entre variedades de ervilhas, desenvolveu no início do século XIX a variedade chamada "ervilha doce", que está até hoje à venda em *freezers* de supermercados, além de variedades de morangos, maçãs, peras e muitos outros vegetais. Suas ilustrações de novos cultivares, como *Pomona herefordiensis*, uma nova maçã amarela com uma mancha avermelhada, apareceram em uma publicação de 1811, disputada até hoje por antiquários e leiloeiros. Foi ele que estreou, em 1787, o estudo de cruzamentos de ervilhas visando aplicar seus resultados em maçãs, cerejas e outras espécies de interesse econômico. As espécies arbóreas se tornam produtivas apenas após alguns anos, o que inviabiliza a realização de cruzamentos; as ervilhas, por outro lado, com um ciclo anual, permitem acelerar enormemente tais estudos. As possibilidades de criar essas novas formas passaram a ser estudadas em ensaios com outras espécies, de ciclo mais rápido. Pelo fato de serem anuais e de possuírem linhagens puras, além de possibilitarem cruzamentos verdadeiros com muitas linhagens conhecidas, as ervilhas foram escolhidas por Knight como modelo experimental. Em outros termos, mesmo tendo em vista aplicações tecnológicas, a ervilha tinha sido escolhida como planta experimental muito antes de Mendel. Knight recebeu, em 1806, a medalha Copley, uma comenda que Darwin também receberia quase sessenta anos depois.

De fato, em 1822, foi publicado na Inglaterra um resultado de cruzamento de ervilhas realizado por John Goss[130], que antecipava de alguma forma os resultados de Mendel. O cruzamento entre ervilhas brancas e a variedade produzida por Andrew Knight, chamada "anã-azul", tinha como resultado, na primeira geração, apenas ervilhas brancas. Deixadas a se autopolinizarem, as plantas "anãs-azuis" tinham apenas ervilhas do mesmo tipo como resultado. No entanto, ao autocruzar as ervilhas brancas da primeira geração, pôde recuperar não só grande quantidade de ervilhas brancas, como também algumas ervilhas "anãs-azuis"[131].

Tais resultados, embora apresentados inicialmente apenas aos horticultores da época, não passaram despercebidos aos teóricos da hereditariedade, mesmo que estes buscassem modelos mais amplos e generalizações mais abrangentes. Os trabalhos de Andrew Knight foram transcritos nos anais da

---

[130] GOSS, John. On the variation in the colour of peas, occasioned by cross impregnation. [Read 15 October 1822.] *Transactions of the Horticultural Society of London*, 1824. Apud GASKING, 1959, 5: 234-237.
[131] GASKING, 1959, p. 62.

Royal Society, de maneira a torná-los conhecidos da comunidade científica. O oferecimento de prêmios específicos a trabalhos sobre hibridização que incluíssem consequências para a agricultura é indicativo da demanda por esse tipo de esforço conciliatório. Em 1761, a Academia de Ciências de São Petersburgo instituiu um prêmio que foi ganho por Lineu, por seus trabalhos sobre hibridização, como o bem-sucedido cruzamento de duas asteráceas, uma amarela (*Tragopogon pratensis)* e outra de cor lilás (*Tragopogon porrifolius*), produzindo uma nova variedade híbrida. Suas sementes foram apresentadas como evidência da hibridização, não sem certa desconfiança de Koelreuter, que deveria verificar a veracidade do anúncio de Lineu. Este acreditava que as ordens taxonômicas superiores eram obra de um Criador, mas que as formas híbridas tinham passado a criar combinações novas, ideia que afrontava as crenças de Koelreuter, para quem a fertilidade dos híbridos era um completo e incompreensível contrassenso[132].

As pesquisas sobre hibridização

A indução a pesquisas sobre hibridização se acentuou no século seguinte. Prêmios foram instituídos por diversas academias, como, por exemplo, a Academia de Ciências da Holanda, em 1830. O desafio dizia: "O que nos ensina a experiência sobre a produção de novas espécies e variedades a partir do cruzamento artificial com pólen entre flores diferentes, e que plantas de valor econômico e ornamental podem ser produzidas dessa forma?" O prêmio foi ganho justamente por Carl Friedrich

---

[132] V. MAYR, E. *Joseph Gottlieb Kölreuter's Contributions to Biology*. Bruges: Osiris, 1986, 2ª série, v. 2, p. 135-176.

von Gärtner em 1837, que anos depois escreveria um longo livro sobre o assunto, o qual se tornou uma referência básica na área, como vimos, estudado por Darwin e Mendel. Ele tinha realizado cerca de 10 mil cruzamentos, envolvendo aproximadamente setecentas espécies diferentes, ao longo de 25 anos, estabelecendo algumas conclusões importantes. Além de confirmar muitos resultados de Koelreuter sobre o sexo nos vegetais, ele concluía, como lei geral que se estendia a animais e vegetais, que os pais não transmitem suas características de maneira inalterada para sua descendência. Alguns entendem que ele prenunciava claramente a possibilidade evolutiva; outros, ao contrário, afirmam que suas conclusões não poderiam apoiar uma teoria evolutiva.

De certa forma, as conclusões sobre a natureza dos híbridos tinham como justificativa as repercussões econômicas do possível desenvolvimento de novos cultivares, mas, ao mesmo tempo, potencialmente poderiam responder a questões-chave sobre a possibilidade da origem das espécies. Para alguns historiadores muito importantes, Mendel, na realidade, teria pouco a ver com o mendelismo do século XX, pois ele não perseguia uma teoria para a hereditariedade, mas seguira a tradição dos hibridistas de seu tempo, que procuravam por consequências evolutivas da (im)possibilidade de romper as barreiras entre as espécies[133]. O trabalho de Mendel sinalizava para a manutenção dos limites das espécies, em oposição, não de todo implícita, à possibilidade da origem de novas espécies.

No penúltimo parágrafo de seu trabalho publicado em 1866, Mendel escreveu que Gärtner tinha sido levado a se opor à opinião dos naturalis-

---

[133] OLBY, R. C. Mendel, no Mendelian? *History of Science*, 1979, 17: 53-72.

tas que pretendiam apontar a falta de estabilidade das espécies vegetais como evidência da evolução das espécies. Para Gärtner, existiriam limites fixos que não poderiam ser transpostos e a esterilidade seria a evidência desses limites. Mendel e Darwin não concordavam sobre esse aspecto. Ao final de seu trabalho, onde é lícito ressaltar aquilo que nele o autor vê de mais importante, Mendel não fala das leis da herança, mas das consequências dos experimentos de hibridização para a possibilidade da evolução das espécies. Uma indicação de que duas mentes privilegiadas tinham interesses parecidos, tiveram acesso a uma mesma base bibliográfica e a dados empíricos semelhantes, mas tiraram conclusões diametralmente diferentes. Isso nos diz muito do que é a ciência.

Foi o próprio Bateson que afirmou que, tivesse tido Darwin conhecimento dos trabalhos de Mendel, a história da Biologia moderna teria sido abreviada em cinquenta anos. Trata-se de uma versão equivocada do problema, do ponto de vista histórico inclusive, além de uma injustiça para com Mendel. Este teve, reconhecidamente, contato com as obras de Darwin, e esteve inclusive visitando Londres, sem contudo pensar em visitá-lo. Mas esse contato não significou muito para a Biologia moderna. E, de fato, Darwin conheceu os resultados de Mendel e chegou inclusive a citar o artigo no qual tivera notícia deles em seus livros. Essa versão equivocada, do ponto de vista epistemológico e histórico, tem uma profunda importância para o ensino da Biologia[134].

Os pensamentos de Lamarck e Darwin terminaram o século XIX ainda vivos, mas em ritmos diferentes. A perspectiva lamarquista tomava os seres vivos como

---

[134] V. BIZZO, N. M. V. & EL-HANI, C. N. Darwin and Mendel: evolution and genetics. *Journal of Biological Education,* 2009, v. 43, p. 108-114.

capazes de um ritmo impressionante de transformação. Uma baleia era vista como uma forma derivada do aperfeiçoamento de répteis marinhos (gráfico 1).

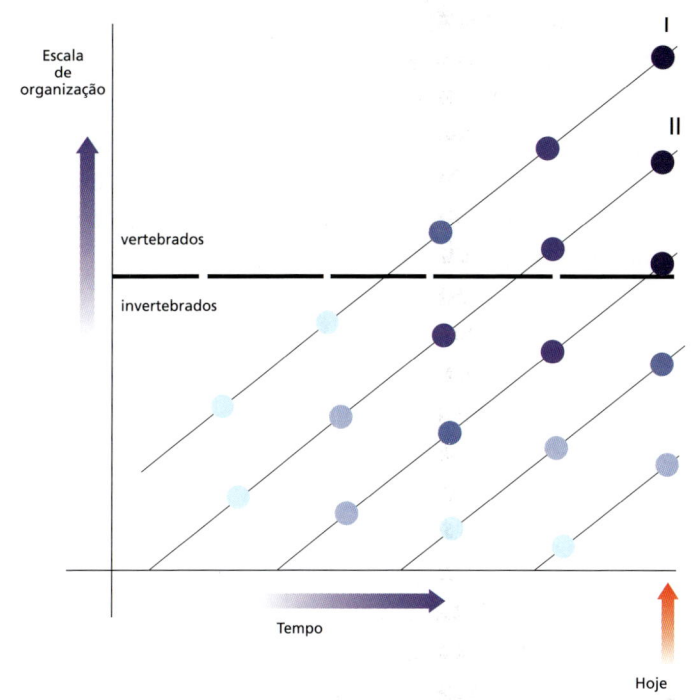

Gráfico 1. Perspectiva lamarquista de evolução dos seres vivos, na qual fica evidente o transformismo visto como aperfeiçoamento. O organismo I seria mais aperfeiçoado que o organismo II.

A primeira década do século XX assistiu ao declínio das perspectivas lamarquistas. Logo depois, mesmo que em meio a um processo algo conflituoso, dado que a compatibilização do mendelismo com o darwinismo não foi fácil, tampouco imediata, começou a ascender um modelo alternativo. A baleia, tal qual previra Darwin, seria descendente de mamíferos terrestres, ou seja, a "doutrina da variação" de que nos falava Prichard tinha se estabelecido confortavelmente no edifício da ciência (gráfico 2).

Os erros e acertos de muitos cientistas mudaram profundamente o que se entendia por natureza. O finalismo e a perfeição, características quase indiscutíveis do mundo natural no século XVIII, não resistiram ao século XX. Hoje, o finalismo ou suas versões mais sofisticadas de teleologia são considerados absolutamente inúteis para a geração de conhecimento científico. A "doutrina da variação", por outro lado, atravessaria o século ganhando a forma de teorias evolutivas, que o século XX sofisticou enormemente. Entender a Biologia atual, de certa maneira, demanda entender a evolução biológica.

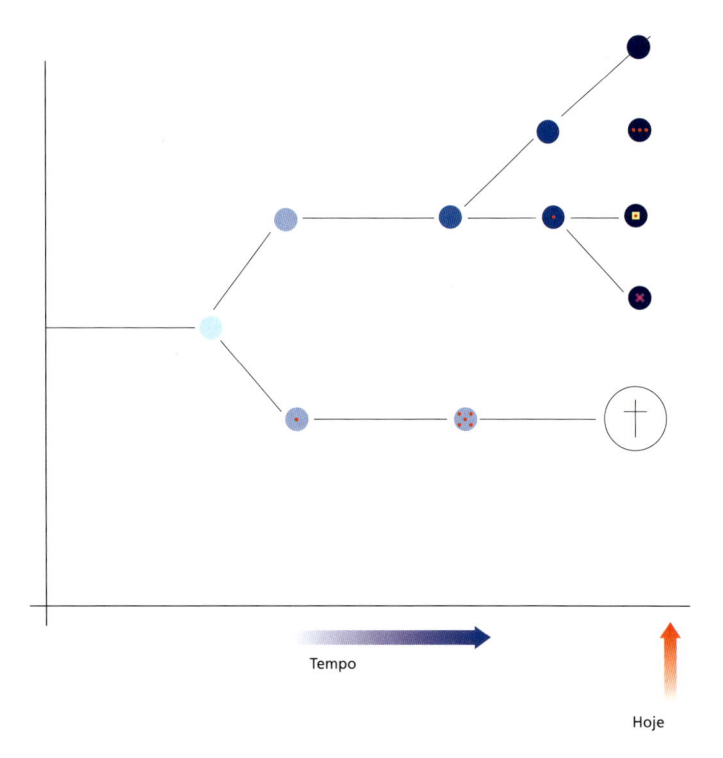

Gráfico 2: Perspectiva darwinista de evolução dos seres vivos, na qual fica evidente a relação de parentesco entre os seres vivos, que se diversificam mantendo ancestrais comuns.

Quando Darwin publicou seu *A origem das espécies*, duas críticas parecem tê-lo afetado particularmente. Uma delas se referia ao tempo geológico, considerando suas estimativas como sendo muito dilatadas e discutíveis. De fato, ele antecipara uma estimativa objetiva que se mostraria nada menos do que 200 milhões de anos mais "jovem" do que ele pensava. A outra crítica se referia à sua previsão de que a baleia descendia de mamíferos terrestres, e não de répteis marinhos. Na segunda edição de seu livro, ele cuidou de retirar essas referências do livro para tentar, de alguma forma, aplacar as críticas. No entanto, nada indica que ele tivesse mudado de ideia. Em cartas, ele se queixa das críticas, dizendo que o público as consideraria pertinentes, e sua mudança editorial parece ter sido muito mais estratégica. Porém, passados 150 anos, qual não seria sua satisfação ao ver que praticamente toda a série de fósseis entre um mamífero terrestre parecido com um cachorro e a baleia foi finalmente descoberta? (figura 21).

Assim como o heliocentrismo de Copérnico não poderia se estabelecer sem uma nova lei do movimento, também a biologia evolutiva demandava uma teoria que explicasse a hereditariedade. A partir de 1930, o pensamento biológico passou a compatibilizar plenamente a genética mendeliana com a lógica evolutiva darwiniana, enriquecida com mecanismos de variação, que permitiam que a cada geração fossem introduzidas modificações. A síntese evolutiva, como foi chamada, tinha aposentado definitivamente o finalismo aristotélico e a imagem de mundo perfeito, que tinha papel central na Teologia Natural, como vimos, desde Tomás de Aquino. A influência do ambiente na constituição dos organismos foi minimizada, entendida como uma forma de modulação da expressão dos genes, mas incapaz de induzir mudanças desejáveis, como a aparição de grossa pelagem em animais que vivem no frio. O acaso tomou o lugar das causas finais que haviam sobrevivido até aquele momento e a vastidão do tempo geológico pode explicar seu papel no sucesso (e no fracasso) evolutivo.

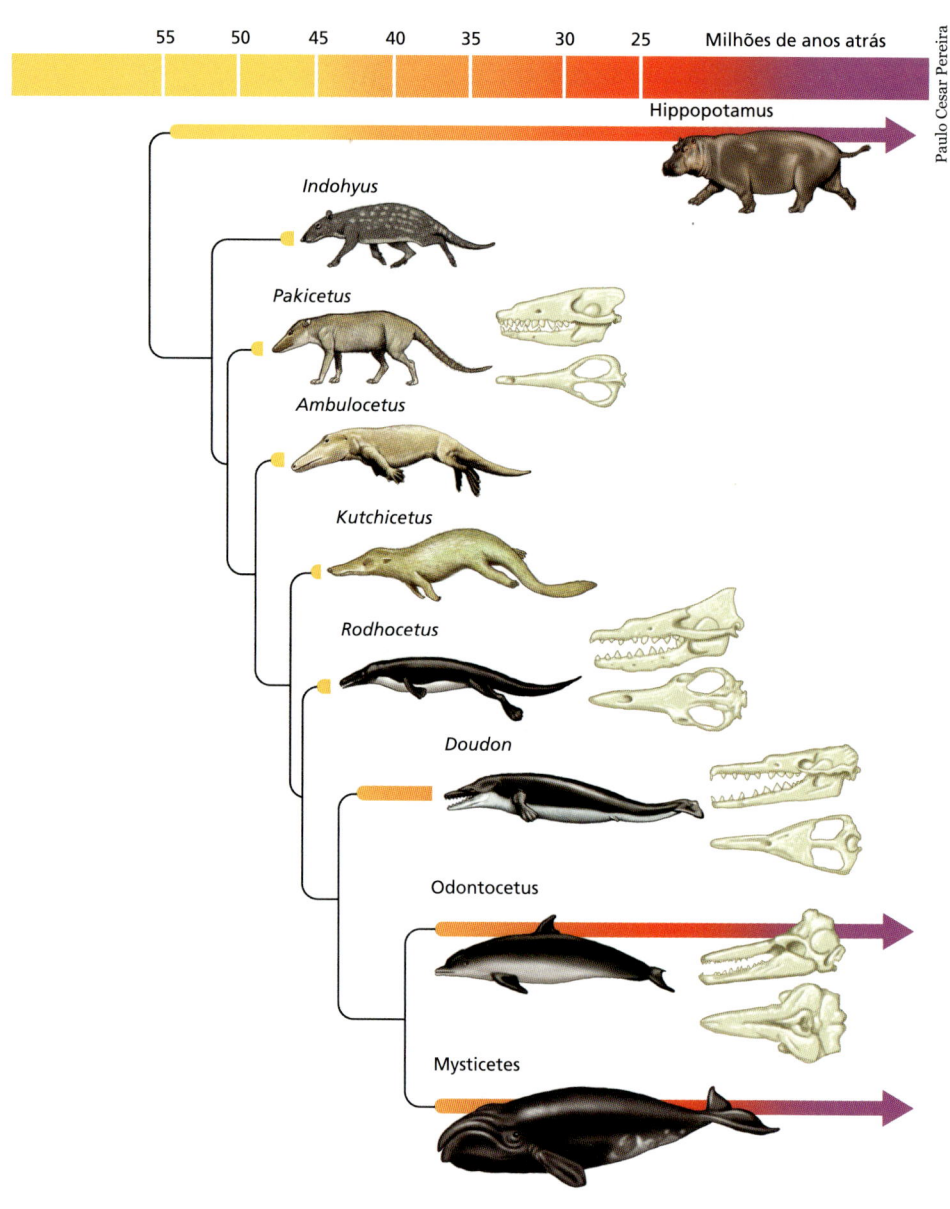

Figura 21. De 1859 até 2009, toda uma série de fósseis foi descoberta, mostrando a progressão de uma forma terrestre (no alto) até as formas atuais de cetáceos, em um espaço de tempo relativamente curto (menos de 50 milhões de anos).

Capítulo 4

A natureza da ciência e a escola: metodologia de ensino

Por que ensinar ciência na escola?

Uma primeira pergunta que devemos nos fazer, ao enfrentar a tarefa de planejar a disciplina Ciências no ensino fundamental é a de refletir sobre as razões que justificam sua presença no currículo. Elas não são óbvias, tampouco consensuais, e estão intimamente ligadas à maneira como concebemos ciências como a física, a química, a biologia e as geociências. Uma possibilidade seria a de definir a ciência como uma maneira muito eficiente e privilegiada de conhecer o mundo e como ele funciona[135]. Outro ponto de vista define a ciência como "conhecimento confiável", no sentido de que, após gerado, passou pelo crivo de uma comunidade erudita, que o chancela. A meta da ciência seria, portanto, um consenso de opinião racional sobre o campo mais amplo possível. Assim, poder-se-ia "afirmar que ele é alcançado com uma crítica intensa de teorias, modelos, mapas e imagens. Chega-se ao consenso pela crítica intersubjetiva possibilitada pela consensibilidade [pelo consenso]"[136]. Uma terceira definição, diametralmente oposta a essas duas posturas, diria que a ciência é apenas um discurso que determinada sociedade constrói em determinado tempo, para cumprir certas funções e refletir os valores daquela sociedade, mas que não reflete necessariamente como o mundo é.

---

[135] V. Por exemplo, SOKAL, A.; BRICMONT J. *Imposturas intelectuais*. Rio de Janeiro: Record, 2006.
[136] ZIMAN. J. *Op. cit.*, p. 82.

A declaração nas primeiras páginas deste livro, de que a formulação final da definição de ciência seria uma tarefa pessoal do leitor, era verdadeira e não se pretende aqui contrariá-la mas demarcar três possíveis concepções de ciência a que o leitor poderia chegar. A primeira definição aponta para a eficiência da ciência, destacando seu poder preditivo. Este é igualmente ressaltado pela segunda definição, mas que se vale adicionalmente da chancela necessária de uma comunidade, que deve concordar em torno de verdades mínimas. A terceira definição, por outro lado, ressalta o caráter subjetivo e relativo das ciências naturais, que não teriam nenhum rigor adicional aos mitos, por exemplo.

A maneira como se concebe a ciência tem repercussão direta sobre a maneira como ela é ensinada. Uma comunidade que entenda que a ciência é algo que se aproxima das duas primeiras definições, ou seja, de uma forma de gerar conhecimento com grande poder de prever os fenômenos que ocorrem no mundo, defenderá o ensino de Ciências com argumentos que apontam para o entendimento. Já aqueles que concebem a Ciência como um simples tipo de discurso, esperarão que o ensino de Ciências ofereça aos alunos apenas uma literatura técnica, sendo a memorização, tal qual de um poema, ou de uma prosa, um resultado razoável de seu ensino. Longe de pretender construir uma caricatura de qualquer uma das propostas educacionais, trata-se da essência da distinção entre as diferentes formas de ensinar Ciências. Existem diversas maneiras de desenvolver o entendimento da ciência, mas a defesa de sua pura e simples memorização deriva da convicção de que não há nenhuma vantagem real em entendê-la em sua profundidade, mesmo nos conceitos simples.

Certa vez, ao falar sobre o ensino de Ciências em seu país, Jean Bricmont[137] disse que a educação europeia, tomando a Bélgica e a França como exemplos, inclui temas muito complexos para os alunos, mas eles não têm condições de entender o que estudam, portanto só lhes resta memorizar o que leem. A isso chamam "nível muito avançado", mas os alunos não aprendem de verdade. Os exames a que devem se submeter não são difíceis, e basta ter lido o material didático que lhes é fornecido para poder alcançar aprovação nas provas. Ele, como físico, não se conforma com esse tipo de perspectiva e, em certa ocasião, disse que, na educação básica, "em Física, eles aprendem a Teoria da Relatividade, Mecânica Quântica. Fazem debates sobre Mecânica Quântica! Mas, na realidade, não conhecem nem os princípios mais elementares de Física. Esse é um dos problemas com a educação europeia". Segundo Bricmont, a visão de ciência predominante em seu país, em especial nas ciências humanas, é a de uma descrença em seu poder preditivo, vendo-a apenas como uma literatura técnica. De certa maneira, essa tendência europeia[138] está presente em diversos países não europeus, que tomam modelos sem a devida crítica, esperando superar problemas básicos espelhando-se na realidade atual de países com alto nível de renda.

Durante milênios, a humanidade acreditou que a Terra fosse plana e que o Sol girasse em torno dela. Ainda hoje, em muitas culturas indígenas, isso é aceito e está incorporado em rituais e normas de conduta. Mas uma escola em meio a uma dessas comuni-

---

[137] Físico teórico da Université Catholique de Louvain, que tem trabalhos na área de filosofia da ciência e obras em conjunto com Noam Chomsky e Alan D. Sokal. Esteve no Brasil em 1999, quando participou de diversos eventos, um deles com o áudio gravado (Bienal do Livro).

[138] Jean Bricmont fez questão de ressaltar que os mesmos conteúdos são vistos apenas em nível superior nos Estados Unidos, e, mesmo assim, apenas em certas carreiras.

dades não poderá deixar de ter um globo terrestre próximo à mesa do professor, pela simples razão de que existe uma cultura comum a todos os povos, à qual todos devem ter acesso a fim de compreender o mundo atual e poder atuar sobre ele. Essa é uma das funções precípuas da educação.

Talvez tenha ficado clara a razão de algumas escolas incorporarem certas decisões curriculares, por exemplo, abordar de forma extensa no ensino fundamental as equações de movimento de Galileu e a Mecânica de maneira geral, na parte referente à Física. De fato, a ruptura que representou a revolução científica justifica oferecer aos alunos a oportunidade de superar a concepção aristotélica dos fenômenos físicos. A perspectiva epistemológica adotada aqui procurou ressaltar a mudança cultural que a ciência moderna trouxe para a humanidade. De certa forma, somos tributários das profundas mudanças que nossos antepassados conseguiram empreender sobre a maneira antiga de ver o mundo. Como vimos, não foram poucas, tampouco fáceis, mas mudaram a maneira como o mundo era visto. De um mundo assombrado por demônios, para tomar a expressão do saudoso Carl Sagan, passamos a um mundo indeterminado, sem uma finalidade específica e, de certa forma, imperfeito.

Em 1999, cientistas e governantes reunidos em Budapeste aprovaram um documento no qual pretendem alertar os diferentes países para o fato de que a pobreza no mundo não se configura apenas pela carência de recursos naturais ou de parques industriais ou de serviços, mas sobretudo pela exclusão da participação na geração e no uso do saber científico. Ressaltaram a necessidade de promover o ensino da Ciência em todas as idades, como pré--requisito essencial para a democracia e o desenvolvimento sustentável.

Um cidadão que não compreenda o modo de produzir ciência na modernidade será certamente uma pessoa com sérios problemas de ajuste no mundo. Terá dificuldades de compreender o noticiário da televisão, entender as razões das recomendações médicas mudarem com o tempo, os interesses da indústria da propaganda ao utilizar argumentos científicos etc. Ao lidar com as tecnologias, é preciso um olhar crítico, evitando ao mesmo tempo o preconceito contra a inovação e a aceitação passiva e até mesmo a entronização de novidades tecnológicas, estejam elas baseadas em conhecimentos falsos ou mesmo verdadeiros. Um país com a maioria de seus cidadãos sem essa compreensão não terá condições de participar do desenvolvimento econômico e enfrentará sérios problemas sociais, políticos e ambientais[139].

O que esperar da metodologia de ensino?

Começamos este livro discutindo como seria difícil definir a ciência. Vimos que a filosofia também não admite resposta simples, e seria surpreendente se fosse muito diferente ao tratar da metodologia de ensino. Para início de conversa, seria útil dizer que a metodologia de ensino não se confunde com técnicas de ensino e que não existe uma metodologia que dissocie o professor dos alunos[140]. Em outras palavras, é impossível aprender metodologia de ensino assistindo apenas a aulas teóricas, ou mesmo lendo um livro, por mais esforçado que seja seu autor. A metodologia de ensino voltada para a sala de aula depende fun-

---

[139] V. o texto baseado na Conferência Mundial sobre Ciência, Santo Domingo (10-12 mar. 1999), e na Declaração sobre Ciências e a Utilização do Conhecimento Científico, Budapeste, 1999, em: *A ciência para o século XXI*: Uma nova visão e uma base de ação. Brasília: Unesco; ABIPTI, 2003, 72 p.

[140] V. BIZZO, N. *Metodologia de ensino da Biologia e estágio supervisionado*. São Paulo: Ática, 2012.

damentalmente da interação professor-alunos, e esta não pode ser antecipada em seus pormenores, embora seja possível planejá-la em linhas gerais.

Um mesmo professor, em uma mesma escola, comumente tem diferentes experiências com seus alunos, em cada uma das salas de aula. Dificilmente o professor consegue prever como será sua experiência com uma e outra classe. Ao longo do ano letivo é que ele formará um juízo mais apurado sobre cada um dos grupos de alunos e vice-versa. Isso é uma indicação de que as variáveis que interferem no trabalho de sala de aula são inúmeras e que não é possível antever com exatidão, por exemplo, como o clima afetivo se desenvolverá em cada um dos grupos de alunos com o professor.

Uma metodologia de ensino se configura em três dimensões, que concretizam um ato educativo. Uma delas é epistemológica, e tem a ver com os conhecimentos necessários à sala de aula; outra é institucional, ligada ao arranjo político-social no qual a sala de aula e a escola estão inseridas. Juntas pavimentam a base sobre a qual se assenta a dimensão humana, envolvida tanto na geração do conhecimento como em sua socialização no âmbito da sociedade (figura 22).

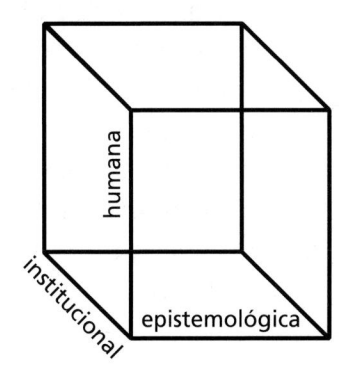

Metodologia de Ensino

Figura 22. Dimensões da metodologia de ensino que concretizam o ato educativo.

Inicialmente, cabe refletir sobre a imagem de professor que se tem, pois se trata de uma definição crucial para a concretização do trabalho na sala de aula. Ele já foi tido como comunicador, transmissor, facilitador, motivador, pesquisador etc. Um método deve estar adequado a seu usuário mais direto, que, no caso da metodologia de ensino, é o professor, de maneira que há reconhecidamente diferentes possibilidades, diferentes metodologias possíveis. Este livro, ao decidir trilhar certo caminho, e não outros, buscando referências teóricas para fundamentar o objeto do trabalho com a ciência no ensino fundamental, certamente está respaldado em uma imagem de professor. Ao discutir Aristóteles, Galileu e Darwin, pretende-se acumular elementos teóricos para que o próprio professor formule sua concepção epistemológica sobre a ciência. Isso foi dito na primeira página deste livro. Assim, entender o professor como um profissional que formula a definição do objeto de seu próprio trabalho implica atribuir-lhe a função de intelectual. Dois professores de Ciências podem ter concepções totalmente diferentes de ciência, como vimos acima, e portanto empregar metodologias de ensino essencialmente distintas.

A segunda base de qualquer metodologia de ensino se refere aos alunos. É preciso refletir sobre o papel que o aluno deverá assumir em sala de aula. Para muitas pessoas, os alunos têm capacidades cognitivas evidentes, ligadas a alguma variável. Para outras pessoas, no entanto, a plasticidade intelectual humana é tal que seu potencial é praticamente ilimitado, profundamente ligado a sua base sociocultural. Uma importante pesquisadora norte-americana define a natureza humana como "biologicamente cultural"[141], no sentido de que tanto os aspectos bio-

---

[141] ROGOFF, B. *A natureza cultural do desenvolvimento humano*. Porto Alegre: Artmed, 2005.

lógicos como os culturais são essenciais para entender a cognição humana. Assim, ao se procurar levar aos estudantes o entendimento da ciência, corre-se o risco de não conseguir sucesso caso se tenha dúvida de sua capacidade cognitiva. Por exemplo, por muito tempo se deixou de ensinar ciência para crianças em diversos países desenvolvidos economicamente e a justificativa mais comum era algo como "elas ainda não podem entender ciência", mas isso foi definitivamente refutado, mesmo se há pouco tempo"[142]. De um lado, provavelmente, havia uma ideia de que a ciência é inerentemente hipotético-dedutiva, e apenas adolescentes dominam plenamente essas operações mentais. Embora essa justificativa seja muito questionável, ela foi ouvida em diversos contextos e, se associada a outra, será possível entender as razões de diversos países terem deixado para trás o ensino da ciência para crianças. Trata-se da defesa do primado da leitura, escrita e operações matemáticas como "habilidades básicas", necessárias para todas as demais áreas do conhecimento. Embora não seja uma definição falsa, haja vista o inegável entrelaçamento dos mais distintos saberes, tampouco é totalmente verdadeira. Mesmo assim, a avaliação do aprendizado em exames oficiais muitas vezes se resume à Matemática e à língua materna, entendendo que todas as demais áreas do conhecimento estão diretamente correlacionadas – esta sim uma premissa facilmente questionável.

As imagens de professor e aluno devem fazer parte de uma reflexão aprofundada em cada escola, a fim de definir seu projeto político-pedagógico. Como vimos, essa reflexão poderá dar coerência às concepções de ciência que se pretende implementar. Além disso, não se pode pensar ingenuamente que o resul-

---

[142] DUSCHL, R. A. et al. (eds.) *Taking Science to School:* learning and teaching science in Grades K-8. Washington: The National Academies Press, 2007.

tado dos atos educativos dependa isoladamente das habilidades do professor, desconsiderando suas três dimensões e seus diversos componentes.

Por fim, é importante ressaltar a distinção entre metodologias de ensino e teorias da aprendizagem, frequentemente confundidas. O ato educativo, como acabamos de ver, tem diversos componentes, os quais contribuem em alguma medida para seu resultado final. Ele pressupõe um método, relacionado a ações como coletar dados e tomar decisões. As teorias de aprendizagem fazem parte dos saberes necessários à sala de aula, ou seja, estão inseridas em uma das dimensões do ato educativo. Portanto, é temerário confundir um professor de metodologia de ensino ou, o que seria ainda pior, um professor da educação básica com um psicólogo cognitivo. Este pode se dizer limitado a determinada orientação teórica, mas aqueles têm compromissos com uma pluralidade de estudantes e devem se valer de diferentes vertentes teóricas a fim de coletar dados e tomar decisões com o objetivo de assegurar o sucesso do ato educativo com todos os seus estudantes.[143]

A própria etimologia da palavra "método" fala por si. A palavra tem origem grega (μέτοδος) e significa "procura, investigação".[144] Mas o vocábulo é composto, por sua vez, de um sufixo (μέτα) que significa "no meio, entre, na companhia de", em senso espacial, e "após, depois, em seguida" em sentido temporal.[145] Assim, o sentido original do vocábulo tem a ver com algo que se realiza no caminhar junto e não deixa de ser uma boa definição de método como uma pesquisa cujo resultado depende de uma caminhada, de um percurso, que não pode ser solitário.

---

[143] BIZZO, N. *Mais ciência no ensino fundamental*. São Paulo: Editora do Brasil, 2010, p. 16-17.
[144] Cf. MACHADO, J. P. *Dicionário etimológico da língua portuguesa*. 3 ed. Lisboa, Livros: Horizonte, v. IV, p. 122.
[145] *Ibidem*, p. 116.

Trata-se de uma definição que poderia ser chamada de "concepção processualística", em oposição àquela denominada "concepção formulista", muito comum, que entende a metodologia de ensino como um conjunto de prescrições definidas a priori, um formulário. Assim, "segundo essa aproximação conceitual, o caminho da pesquisa já está decidido na base de um mapa de ações epistêmicas definidas antes de se iniciar a caminhar"[146].

É importante distinguir essas duas perspectivas de metodologia de ensino e, coerentemente com a concepção de professor aqui adotada, há que se perceber as limitações da concepção formulista de método. A própria etimologia da palavra, como vimos, nos sugere uma concepção na qual o método verdadeiramente se define ao final do processo e sua justa sistematização só pode ser retrospectiva. Isso colide com algumas perspectivas muito tradicionais e amplamente aceitas, que defendem a necessidade de métodos padronizados para alcançar resultados garantidos[147].

Elementos para uma metodologia de ensino da ciência

A partir do final dos anos 1970, começou a se configurar um consenso no campo da metodologia de ensino da ciência de que ela constituía uma área especializada. Desde aquela época, permaneceram algumas certezas entre os especialistas, uma das quais é a de que o ensino de ciências só pode ser

---

[146] Trata-se da definição da professora Luigina Mortari ("concezione formularistica"). (MORTARI, L. *Ricercare e rifletere*: la formazione del docente professionista. Roma: Carocci Editore, 2009, p. 43-44.)
[147] Uma boa discussão sobre a "história do método" pode ser encontrada em DOLL, J.; DA COSTA, R. *Metodologia de ensino em foco, práticas e reflexões*. Porto Alegre: Editora da UFRGS, 2004. Em especial o capítulo "A metodologia tem história", de Johannes Doll e Russel Teresinha Dutra da Costa, p. 25-39.

efetivo se professor e alunos tiverem consciência das concepções que têm sobre os fenômenos que querem estudar. Assim, uma das etapas iniciais do ensino é a de levantar opiniões e permitir que os estudantes procurem explicar com suas palavras o que conhecem sobre os mais diferentes fenômenos estudados pela ciência.

Não foi por acaso que, nesse período, diversos artigos foram publicados mostrando que os estudantes tinham concepções "aristotélicas" de movimento. De fato, se entendermos que a ciência acabou por oferecer explicações contraintuitivas para os mais variados fenômenos, não é surpreendente que, em muitas áreas, os estudantes tenham ideias compartilhadas por sua comunidade. Conhecê-las é um passo importante tanto para o professor, como parte de seu método, como para o próprio aluno. Ao conhecer o trabalho de Galileu não será difícil notar que há diferentes possibilidades de planejar atividades didáticas nas quais os estudantes possam perceber as limitações de suas concepções aristotélicas de queda dos corpos, por exemplo.

A área do estudo das concepções dos estudantes ganhou grande impulso na década de 1990, e diversas conferências internacionais foram organizadas. Os trabalhos científicos apresentados permitem perceber algumas distinções importantes nas diferentes ciências, apontando para tradições muito distintas. Um estudo aprofundado de três conferências internacionais na área das ciências indica que os trabalhos sobre ensino de Física têm dominância numérica expressiva. Além disso, a análise detalhada do conteúdo dos trabalhos apresentados na área de ensino de Química indica que os "tópicos abordados são típicos e convencionais (por exemplo, pressão do ar e equilíbrio), embora alguns sejam fundamentais e centrais para a Química (como a teoria atômica e as propriedades periódicas)". As atualidades da pesquisa química, bem como uma grande abrangência das pesquisas, estão ausentes desses trabalhos. Poucas áreas da Química concentram muitos trabalhos, que não abordam o cotidiano dos cientistas dessa área[148].

A análise conjunta dos trabalhos apresentados em cinco conferências internacionais[149], que reuniram pesquisadores em ensino das ciências de muitos países, tende a corroborar a conclusão que aponta para a superioridade numérica dos trabalhos na área de ensino de Física, e que a situação brasileira repete a do contexto internacional. Portanto, a investigação das consequências desse fato parece ser realmente necessária. Um exemplo da influência dessa superioridade numérica pode ser visto em alguns trabalhos de pesquisa na área de ensino de Biologia, em que algumas afirmações pretendem justificar o fato de os resultados encontrados não serem tão elegantes e regulares como aqueles encontrados na Física. Afirmações desse tipo indicam uma tentativa de imitar os procedimentos de uma área na expectativa de encontrar resultados similares, o que nem sempre tem sido possível. Modelos de aprendizagem podem estar baseados em regularidades percebidas em certos relatos históricos, presentes na revolução copernicana, por exemplo, mas que dificilmente poderiam ser entendidos como universais nos diversos campos da ciência.

No entanto, para complementar nossa análise, do conteúdo das pesquisas realizadas em Física e Biologia, devemos aprofundá-la. Ao comparar a abrangência das pesquisas e sua atualidade, veremos que

---

[148] V. ERDURAN, S. *Reflexions on the Proceedings from HPSST Conferences*: a profile of papers on chemistry education. Calgary: Proceedings of the HPSST Conference, 1997.

[149] V. BIZZO, N. *Pesquisas em ensino de Biologia, Física e Química*: considerações sobre seu valor heurístico relativo e implicações para a história da ciência. Atas do I Encontro Nacional de Pesquisa em Ensino de Ciências. Águas de Lindoia (SP): CNPq/UFRGS, 1997.

diferentes áreas têm tradições marcadamente distintas. As pesquisas sobre ensino de Biologia apresentadas nessas cinco conferências internacionais estão divididas em dezesseis diferentes temas, mostrando grande dispersão temática. Os temas mais frequentes são "Ecologia" (quatro trabalhos) e "Evolução" (três trabalhos); os demais apresentam ou um ou dois trabalhos apenas. Portanto, observamos alta abrangência das pesquisas na Biologia, ainda mais se atentarmos para o fato de que os dois temas mais frequentes, Ecologia e Evolução, são integradores, ou seja, abarcam praticamente todas as áreas do conhecimento biológico, chegando até a incluir outras ciências. Além disso, revelam justamente os polos dinâmicos das ciências biológicas da atualidade. Portanto, a característica evidente dessas pesquisas é a sua **abrangência** e **atualidade**.

Os trabalhos sobre ensino de Física nessas mesmas conferências internacionais abrangem dez temas diferentes. Três temas referentes à Física Moderna (Física Nuclear, Mecânica Quântica e Relatividade) somam apenas 7% dos trabalhos. Mais do que a metade dos trabalhos (58%) foi realizada com temas de Mecânica, sendo Cinemática mais frequente do que Estática e Dinâmica. O segundo tema mais pesquisado é Eletricidade (13%), seguido por Termologia (7%) e Ótica (6%). Temas como Acústica, Magnetismo e Mecânica Ondulatória foram trinta vezes menos frequentes do que Mecânica – apenas um trabalho. Se considerarmos que os temas de Mecânica foram desenvolvidos quase inteiramente nos séculos XVII e XVIII, torna-se claro que essa concentração revela grande distância do trabalho que os cientistas da área desenvolvem hoje em dia, ressaltando a grande diferença em relação à atualidade dos temas de Biologia. Se acrescentarmos as observações do professor Jean Bricmont sobre o uso de temas de "nível muito avançado" na Física da educação básica, há pouco expostas, evidencia-se a grande distinção entre essas duas disciplinas no contexto escolar.

Como vimos nos capítulos anteriores, na trajetória de construção dos conceitos centrais da mecânica clássica, temos um exemplo lapidar de não cumulatividade, com uma clara mudança de paradigmas a partir de Copérnico e Galileu em relação a Aristóteles e Ptolomeu. Outra característica da mecânica clássica é o de se reportar a uma série de fatos históricos difíceis de serem examinados e reavaliados hoje em dia. O processo sofrido por Galileu e a importância das ideias sobre heliocentrismo na denúncia à Inquisição foram objeto de questionamentos[150]. Não fossem detalhes históricos importantes, porém mal documentados, existe a própria barreira do tempo a se encarregar de deteriorar e perder documentos. O contexto histórico que envolve as ideias de Aristóteles-Ptolomeu é muito distante para os aprendizes de hoje e mesmo para os pesquisadores que investigam o ensino das ciências. Mesmo que temas modernos sejam eventualmente introduzidos no currículo, haverá sempre o risco de dar razão à crítica de Jean Bricmont, vendo jovens discutindo mecânica quântica, mas acreditando que fora da atmosfera não há gravidade. Assim, com a centralidade da mecânica clássica nas questões que envolvem o ensino da Física no ensino fundamental, aliada às concepções intuitivas aristotélicas, vê-se que uma metodologia de ensino para a Física, e

---

[150] V. REDONDI, P. *Galileu herético*. São Paulo: Companhia das Letras, 1991. Embora seja resultado de um trabalho investigativo muito sério, a tese central de Redondi, de que Galileu não foi condenado por defender Copérnico, questionar a exegese bíblica e devido às divergências pessoais com a alta hierarquia católica, mas por defender as teses atomistas de Leucipo, que colocariam em dúvida a base da liturgia cristã, não convenceu a comunidade de historiadores da ciência. As atas de 22 de junho de 1633, na condenação de Galileu no Santo Ofício, estão bem preservadas, bem como os interrogatórios a que se submeteu, nos quais não há menção a questões outras (como sua crença atomista).

a possível contribuição da história das ciências para o ensino, têm particularidades evidentes. Apesar de sua dominância quantitativa em congressos científicos, dificilmente ela se tornará um modelo canônico para as demais ciências.

As pesquisas sobre ensino de Biologia permitem uma aproximação com a história da ciência muito diferente. A diversidade e a atualidade dos temas abordados nos currículos tornam as ideias dos estudantes não apenas objetos de investigação por professores e pesquisadores profissionais, mas também podem prover hipóteses de reconstrução histórica que se mostrem úteis aos próprios historiadores. Por exemplo, ao explorar as ideias dos estudantes sobre a evolução, saltava aos olhos a centralidade da questão humana. Os jovens não conseguem dissociar a evolução dos seres vivos da evolução da espécie humana. Havia uma longa tradição historiográfica que insistia nessa dissociação[151], de que a teoria evolutiva foi pensada independentemente da questão humana. As pesquisas com os jovens acabaram por gerar hipóteses de reconstrução historiográfica que se provaram muito úteis na consulta das fontes primárias, como os manuscritos da primeira edição de *A origem das espécies*. A hipótese de que Charles Darwin se referia ao ser humano desde a primeira edição de seu famoso livro se viu fortalecida, inclusive diante das marcações que deixou em livros de sua biblioteca pessoal, como os de James Prichard (v. capítulo 3)[152]. Passados vinte anos, essa tese passou a fazer parte do consenso entre historiadores da

---

[151] V. por exemplo: BAJEMA, Carl. Charles Darwin on Man in the first edition of the *Origin of Species*. *Journal of the History of Biology*, 1988, 21 (3): 403-410; BOWLER, P. J. Darwin on Man in the *Origin of Species*: A reply to Carl Bajema. *Journal of the History of Biology*, 1989, 22(3): 497-500; COOKE, K. J. Darwin on Man in the *Origin of Species*: an addendum to the Bajema-Bowler debate. *Journal of the History of Biology*, 1989, 23(3): 517-521.

[152] V. BIZZO, N. M. V. Darwin on Man in the *Origin of Species*: further factors considered. *Journal of the History of Biology*, 1992, 25(1): 137-147.

ciência, e até mesmo o respeitado historiador Peter Bowler, que defendia a tese contrária, pode ser considerado "um convertido"[153].

Essa proximidade entre a história da ciência e a sala de aula talvez seja uma particularidade do ensino de Biologia, mas, de qualquer forma, indica a possibilidade de haver uma fértil aproximação entre essas duas áreas, como bem o atesta o fato de haver uma sociedade científica específica no Brasil que realiza encontros anuais e mantém uma publicação indexada regular[154]. Nos Estados Unidos há diversas iniciativas, como as publicações de Douglas Allchin, da Universidade de Minnesota. Ele nos alerta para os riscos de outro extremo, ao lidar com aquilo que denomina "pseudo-história"[155], uma reconstrução arbitrária, com a única finalidade de adicionar elementos pitorescos a episódios de ensino.

Para encerrar este capítulo e este livro, caberia uma palavra sobre a importância de proporcionar aos alunos do ensino fundamental uma aprendizagem realmente significativa sobre essa forma de produzir conhecimento. As abordagens integradas, que combinam as diferentes ciências, são muito estimuladas, apesar de haver pouco apoio efetivo ao professor em sala de aula, cujo trânsito pelas diferentes ciências é muito mais difícil do que as diretrizes e declarações oficiais levam a crer.

Em anos recentes, tem ganhado força um movimento que propõe ao ensino de ciências a tarefa central de ensinar a natureza da ciência (em inglês, *Nature Of Science* – NOS), que poderia ser defini-

---

[153] A expressão é de James Moore, que, junto com Adrian Desmond, é autor de uma imponente obra sobre Darwin. Amigo de Bowler, ambos residem em Cambridge, e assim definiu o amigo em sua conferência em 2010 na reunião anual da Associação Brasileira de Filosofia e História da Biologia (São Paulo, SP).
[154] A Associação Brasileira de Filosofia e História da Biologia (São Paulo, SP) mantém publicações regulares, como um boletim e uma revista arbitrada (*Filosofia e História da Biologia*), disponíveis em http://www.abfhib.org
[155] ALLCHIN, D. Pseudohistory and Pseudoscience. *Science & Education*, 2004, 13: 179-195.

da em sete pontos[156]. Assim, por meio de contextos concretos, os estudantes deveriam aprender que o conhecimento científico é...

- inacabado;
- baseado em provas empíricas;
- subjetivo;
- dependente do contexto cultural e social;
- necessariamente envolve inferências, imaginação e criatividade;

... tendo presente as distinções entre:

- observações e inferências;
- leis e teorias científicas.

Essa proposta está baseada no pressuposto de que há suficiente consenso entre filósofos da ciência e pesquisadores de ensino de ciências, a ponto de possibilitar que esses aspectos estejam presentes nos cursos de preparação de docentes que vão atuar no ensino fundamental. Obviamente há visões distintas e ainda se debate até mesmo o que significa a subjetividade da ciência, por exemplo. No entanto, podemos acreditar que há razoável consenso para perceber a diferença fundamental entre uma prescrição médica, um conselho sobre alimentação sadia e uma opinião sobre qual é o melhor automóvel do mercado. Nos três casos, a carga de pontos de vista pessoais é reconhecidamente distinta e a subjetividade, em ciência, tem a ver justamente com isso. Portanto, não se trata de aplicar "o método científico", como se a ciência tivesse um protocolo a guiar cada passo dos cientistas, mas de propor

---

[156] V. LEDERMAN, N. G. Synthax of nature of science within inquiry and science instruction. In: FLICK, L. B. & LEDERMAN, N. G. (eds.). *Scientific Inquiry and Nature of Science*. Dordrecht: Kluwer, 2004, p. 301-307.

atividades nas quais os métodos da ciência sejam utilizados, permitindo desenvolver uma compreensão mais precisa do significado de seus diferentes componentes.

Aquilo que alguns têm chamado de "método de Galileu" se resume a desenvolver a capacidade de observação, a habilidade de experimentar – no sentido de isolar variáveis e colocá-las à prova – e a habilidade de formular matematicamente o fenômeno estudado[157]. Iniciar esse processo desde a infância é tarefa da escola, que certamente encontra muito entusiasmo entre os pequenos. As formulações da NOS, vistas há pouco, podem ajudar a mostrar como é possível refinar esse processo gradativamente, até o final da educação básica. É uma pena que, depois de alguns anos, muitos jovens percam o entusiasmo pela ciência. Mas isso não ocorre à toa. No final deste texto quero reproduzir uma prova empírica de que as crianças são desestimuladas a aprender ciência. Uma publicação oficial do governo italiano de 2011, do Ministério do Ambiente e da Tutela do Território e do Mar, destinada a entreter crianças em longas viagens aéreas, falará por si só do que deve ser evitado a todo custo em qualquer época, em qualquer lugar do mundo (figuras 23a e 23b). Na forma de um teste, as crianças devem responder a questões onde mostram se (1) memorizaram a que família pertence a "cereja" (na verdade, a cerejeira), devem responder (8) que é impossível obter energia das rochas (o carvão mineral, bela rocha, não teria servido para as fornalhas da Revolução Industrial!) e devem reconhecer frutos do tipo drupa!

---

[157] V. GALILEI, Galileu. *O ensaiador*. São Paulo: Nova Cultural, 2000. (Coleção Os Pensadores). Em especial a introdução de José Américo Motta Pessanha (p. 5-9).

Figura 23a. O Ministério do Ambiente e da Tutela do Território e do Mar da Itália produziu este "jogo pedagógico" para entreter (e possivelmente "educar") crianças pequenas em longas viagens aéreas, produzindo um verdadeiro desastre pedagógico.

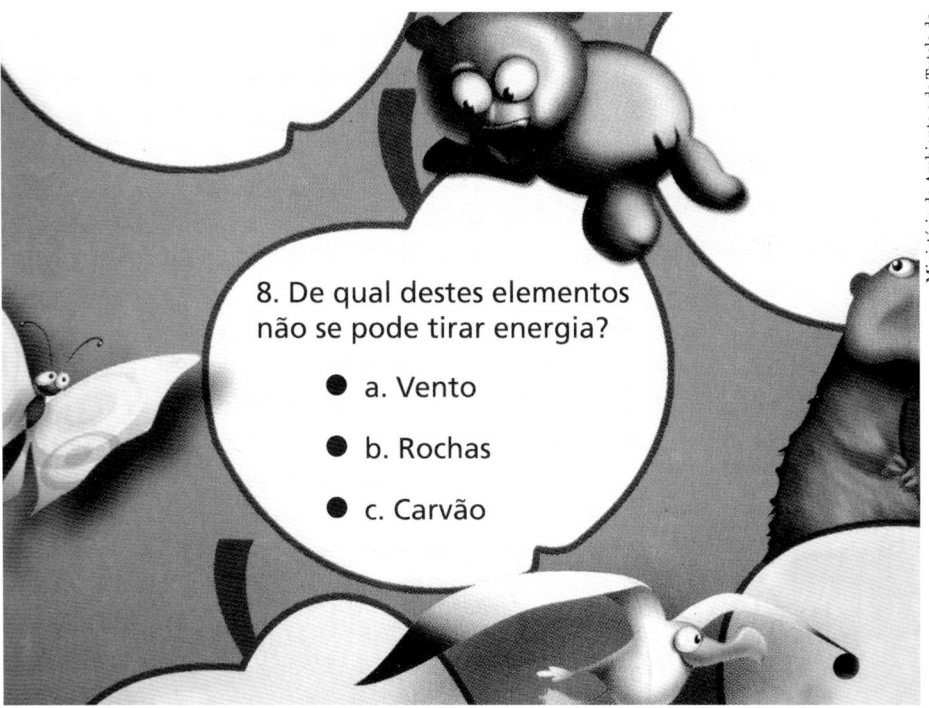

Figura 23b. Além da grafia errada nos nomes científicos, o "jogo pedagógico" traz afirmações evidentemente erradas (como a de que não se pode extrair energia de rochas).

Esteja a questão referida a conhecimento correto ou grotescamente errado, trata-se de um desastre pedagógico. Galileu Galilei se perguntaria se foi para isso que lutou tanto para tirar a humanidade das trevas da ignorância!

Recursos para professores de Ciências Naturais

A história econômica brasileira explica, em boa medida, o fato de a educação pública ser um fenômeno tardio entre nós. Nos tempos do Brasil Colônia, a imprensa e a manufatura eram simplesmente proibidas. O ensino da leitura era, antes de tudo, um ato elitista ou subversivo. Segundo intelectuais importantes na educação brasileira, como Anísio Teixeira (1900-1971), o ensino público ampliou-se no Brasil acompanhado de certo estranhamento, com dúvidas a respeito de sua real necessidade. Seu poder transformador era visto antes como um perigo à manutenção dos valores e das relações de poder vigentes. Assim, entende-se a luta para o reconhecimento da educação como direito e não como privilégio, ou seja, uma necessidade e não um simples regalo. Temos, hoje, um novo embate no Brasil, que busca ultrapassar o aspecto formal desse direito. Garantir educação para todos não significa apenas uma cadeira na escola por quatro horas ao dia, mas o amplo acesso e real domínio do acervo cultural da humanidade.

O ensino da ciência requer uma dupla atualização no atual contexto brasileiro. De um lado, as famílias e a comunidade em geral precisam ter uma expectativa mais atual do que seja aprender ciência. Por outro lado, os conteúdos científicos abordados na escola devem ser atualizados – quando não corrigidos –, de modo a aproximar o que se ensina na escola daquilo que a sociedade efetivamente demanda. Basta conferir o resultado de uma pesquisa realizada com pais de alunos de uma escola tradicional de São Paulo: a memorização de conteúdos e termos técnicos era muito mais valorizada do que a aplicação do conhecimento científico.

Existem muitos recursos disponíveis hoje em dia para que os professores de qualquer parte do país possam ter ideias, sugestões e mesmo materiais para aprimorar suas aulas de ciências. A seguir são apresentadas algumas sugestões com comentários, sem pretender esgotar as possibilidades.

Portal do Professor – Ministério da Educação (http://portaldoprofessor.mec.gov.br)

Oferece uma ampla gama de materiais destinados a professores e alunos, incluindo sugestões de aulas, conjuntos temáticos de aulas, materiais didáticos e os mais variados recursos, inclusive cursos para professores, oferecidos gratuitamente.

Instituto Ciência Hoje (http://cienciahoje.uol.com.br/)

O Instituto Ciência Hoje alimenta um site de notícias onde podem ser encontradas grandes novidades e informações sobre o mundo da ciência, da mesma forma que *links* para blogs e outras fontes de informação em todas as áreas da ciência. Lá é possível encontrar um *link* para "Ciência Hoje das Crianças" (www.chc.org.br), destinado a professores e alunos do ensino fundamental, em que se apresenta uma versão educativa da ciência, na forma de artigos escritos por cientistas brasileiros, além de entrevistas e um blog com novidades, ideias, notícias etc.

Sociedade Brasileira de Química – Revista *Química Nova na Escola* (http://qnesc.sbq.org.br/)

A entidade oferece apoio a professores, por meio

da revista *Química Nova na Escola* (QNEsc). Com periodicidade trimestral, publica artigos voltados a professores do ensino fundamental e médio, promovendo debates e reflexões sobre o ensino e a aprendizagem de química. O site Quid+ (http://quid.sbq.org.br) oferece propostas de atividades e materiais voltados diretamente para crianças e adolescentes, para aproximá-los da química, retratando-a de forma lúdica. Possui artigos, comentários e reportagens que ajudarão a aproximar a química do cotidiano dos alunos em uma linguagem acessível, com recursos visuais muito atraentes.

Sociedade Brasileira de Bioquímica e Biologia Molecular – *Revista Brasileira de Ensino de Bioquímica e Biologia Molecular* (http://www.bdc.ib.unicamp.br/rbebbm/)

A partir de um cadastro gratuito, é possível ter acesso a uma ampla gama de artigos e objetos de aprendizagem sobre Bioquímica e Biologia Molecular. Orientações sobre aulas práticas simples, como desnaturação de proteínas, até atividades mais complexas, dirigidas à formação do professor, estão disponíveis em artigos e contribuições dirigidas a diferentes tipos de demandas dos professores da educação básica, em especial de Biologia.

Sociedade Brasileira de Genética – Revista *Genética na Escola* (http://www.geneticanaescola.com.br)

Trata-se de uma revista dirigida a professores de Biologia, com seções que versam sobre temas atuais em genética, atividades práticas, trabalhos clássicos e metodologias alternativas, abordando uma das seguintes áreas: Genética Humana e Médica, Genética do Desenvolvimento, Genética Vegetal, Genética Animal, Genética Evolutiva, Genética de Micro-Organismos, Mutagênese e Ensino de Genética.

Sociedade Brasileira de Física – Revista *Física na Escola* (http://www.sbfisica.org.br/fne/)

A *Física na Escola* é um suplemento semestral da *Revista Brasileira de Ensino de Física* (http://www.sbfisica.org.br/rbef) destinado a apoiar as atividades de professores de Física do ensino médio e fundamental, oferecendo sugestões de atividades práticas e reflexões sobre a prática em sala de aula.

Associação Brasileira de Filosofia e História da Biologia (www.abfhib.org)

A associação mantém encontros anuais e publicações que tratam tanto de assuntos específicos de Filosofia e História da Ciência quanto de sua convergência para a educação. Sua página de *links* é particularmente útil para acessar outras referências da área, no Brasil e no exterior. Um encontro temático realizado em 2008 resultou em uma série de trabalhos voltados para professores da educação básica, que estão disponíveis no endereço eletrônico http://www.abfhib.org/Encontros/I-Tematico.pdf

Associação Brasileira de Centros e Museus de Ciência (www.abcmc.org.br)

Nos mais diversos lugares do Brasil, há centros e museus de ciências, que oferecem diversos tipos de atividades para escolas, inclusive visitas planejadas e guiadas por monitores. No site da entidade que congrega esses museus e centros de ciências é possível encontrar os mais próximos de sua cidade, bem como ter informações das mostras que estão ocorrendo e dos eventos programados para o futuro.

Centro Especializado em Plantas Aromáticas, Medicinais e Tóxicas da UFMG (CEPLAMT/UFMG)

Constitui um espaço do Museu de História Natural e Jardim Botânico da Universidade Federal de

Minas Gerais (http://www.ufmg.br/mhnjb/site/museu/mhnjb/), reservado aos estudos de recuperação, organização e divulgação de aspectos históricos e técnico-científicos das plantas nativas brasileiras de uso tradicional. Responsável pelo resgate e reedição de obras com grande valor histórico, reúne diversas contribuições da História da Ciência brasileira para o ensino e mantém um banco de dados único, resultado de pesquisa de informações sobre as plantas medicinais nativas do Brasil (http://www.dataplamt.org.br/bd.php), focalizando a botânica brasileira e os usos tradicionais das plantas incorporados a diferentes culturas.

Associação Brasileira de Planetários (www.planetarios.org.br)

Além de manter notícias e novidades, o site da associação mantém uma lista atualizada dos planetários em atividade no país, com *links* para cada um deles. Assim, é possível saber sua programação, além de outras informações que cada planetário pode manter disponíveis.

O autor

Nélio Bizzo tem formação em Ciências Biológicas. Realizou estudos de pós-graduação na Inglaterra, onde teve contato com os manuscritos e a biblioteca pessoal de Charles Darwin na Universidade de Cambridge. Fez pós-doutoramento na Universidade de Leeds e foi Visiting Professor da Universidade de Verona (Itália). Docente da Universidade de São Paulo, é membro de várias associações e sociedades científicas, e é Fellow da Society of Biology (Londres).

Agradecimentos

Este livro nasceu de uma sistematização de palestras, ao lado de pesquisas e de minha prática como professor na graduação e pós-graduação. Devo agradecer ao CNPq/MCT, FAPESP, CAPES/MEC, BID e USP. Quero ainda agradecer a várias pessoas que estiveram envolvidas nos convites a eventos e na leitura de partes do manuscrito. Devo me desculpar por eventuais omissões involuntárias, bem como pela incapacidade de introduzir todas as correções sugeridas. Agradeço a: Aldo Mellender de Araújo, Associação Brasileira de Filosofia e História da Biologia, Carlos Alberto dos Santos, Carlos Alexandre Netto, Cecília Almeida Salles, Claudiney Ferreira, Douglas Galante, Fátima Brito, Guilherme Kujawski Ramos, Giuseppe Pellegrini, Ildeu de Castro Moreira, Jorge Horvath, José Castello, Lilian Al-Chueyr Pereira Martins, Luca Ciancio, Luigina Mortari, Maria Elice Brzezinski Prestes, Maria Isabel Landim, Paloma Menezes Rubin, Ramachrisna Teixeira, Roberto Martins, Roberto D. Dias da Costa, Sérgio M. C. Brandão, Sociedade Brasileira de Estudos Interdisciplinares da Comunicação e Sonia Zanini Cecchin.